#黙らない女たち

李　信恵・上瀧浩子
Lee Sin Hae　Koutaki Hiroko

インターネット上の
ヘイトスピーチ・複合差別と
裁判で闘う

かもがわ出版

はじめに

２０１７年6月19日、「在日特権を許さない市民の会（在特会）」とその元会長桜井誠氏とを相手取った裁判の控訴審判決が下された。判決でまず、「双方ともに棄却」と聞いたときは、一瞬びっくりした。地裁での判決に対して両当事者とも不服を申し立てたが、どちらの言い分も通らなかったということで、簡単にいえば、地裁と同じ結論ということらしい。けど、それにしてもドキッとした。裁判は心臓に悪い。

その直後に、裁判長が判決理由の要旨を述べ始めた。通常、裁判官が判決の言い渡しをするときは、主文のみを法廷で述べ、理由の部分は省略するそうだ。けれど、今回は理由の要旨まで述べた。そのなかで「複合差別」という言葉が聞こえた。「『複合差別』が、法廷で認められた！」

すべてを聞き終わって、一礼をして閉廷になってすぐ。右隣にいた代理人の上瀧浩子オンニ（お姉さん）のほうを見たら、浩子オンニは微笑みながら、「良かったね」と囁くようにつぶやいた。私の、大好きなまなざしと笑顔だ。目には、涙を浮かべていた。涙がこぼれ落ちそうになったのか、オンニは慌ててバッグからハンカチを出そうとした。けれど、バッグからまず飛び出したのは、裁判の直前に支援者のひとりである部落解放同盟京都府連合会のKさんからいただいたビワだった。「オンニ、いまビワ食べるの？」と聞いたら、「もう！」と怒られた。ごめんね、ふざけないと自分も泣いちゃいそうだったから。

池田光宏裁判長は、在特会側に計77万円の支払いを命じた一審・大阪地裁判決を支持したうえでさらに踏み込み、民族差別に女性差別が加わった「複合差別」と認定した。「複合差別」を認めた判決は日本では初めてだという。浩子オンニとは、2011年の秋に出会った。京都朝鮮学校襲撃事件の裁判の支援に関わるなか、浩子オンニから「複合差別」という言葉を聞いた。そのころは、まさか自分が裁判するとは夢にも思ってなかったし、どちらかというとそれまでは差別から離れた場所にいたいほうだった。だって、差別は怖いから。傷つくのは嫌だったから。なぜこうなったのか、今でもよくわからない。「運命」というと陳腐だけど、そんなものがあったのかもしれない。

浩子オンニは、「複数の差別が組み合わさったとき、受ける傷の深刻さは足し算ではなく掛け算になる」と話していた。私の場合は民族差別と女性差別だった。高裁判決はこの点を、「複合差別」という明確な言葉で示してくれた。

2013年10月7日、京都朝鮮学校襲撃事件の地裁判決が京都地裁であった。それを受けて、浩子オンニに「在特会と保守速報を相手に、裁判をしたい」と話してからは4年以上が過ぎた。しんどいことはいっぱいあったし、まだもう一つの裁判である対保守速報の裁判は継続中だった。すべてが終わって、何年かして。また6月が来れば、ビワをかじりながらこの日のことを思い出すのかなと思う。私も同じ日にビワをもらった。裁判の翌日、じわじわと感じる喜びの中でかじったそのビワは、とても甘くて美味しかった。

そしてそれから約1年後の2018年6月28日、保守速報との裁判の控訴審判決が言い渡された。判決後に携帯電話を見ると、Kさんからメッセージが入っていた。

「勝利判決おめでとう。ビワの実はもうないけど、ビワの苗はあるよ。落ちた実から自生した、生命力のあるビワの苗が」

ビワの実はまるで私のようだ。私はこの裁判を通じて、朝鮮人として、女性として、日本に生まれて良かったと思った。私は、ずっと前からこの日本社会に根を張って、生きている。これから先もきっと。

李　信恵

2 まとめサイト「保守速報」運営者に対する損害賠償訴訟

事案の概要

在日朝鮮人のフリーライターである李信恵氏（原告）についての「2ちゃんねる」等、ネット上の差別的な投稿を、被告が約1年間にわたり編集し、まとめサイト「保守速報」のブログに40本以上の記事として掲載したことに対し提訴。これら行為は、原告に対する名誉毀損、侮辱、人種差別、女性差別、いじめ、脅迫及び業務妨害にあたり、これら不法行為により被った精神的苦痛について、被告に対し2200万円の損害賠償請求を求めた裁判。

大阪地裁判決　2017年11月16日

「保守速報」運営者の被告の投稿記事は、社会通念上許される限度を超えた侮辱、人種差別にあたると判断。原告の容姿等への言及についても、「名誉感情や女性としての尊厳を害した程度は甚だしい複合差別である」と認定。

まとめサイト「保守速報」への転載に際して、表題の作成や情報の「編集」行為は、内容を効果的に把握することを可能にし「2ちゃんねるとは異なる新たな意味合いを有するに至った」とし、憲法13条の人格権の侵害と認定。被告に、原告に対する名誉毀損や差別の目的があったと認定し200万円の支払いを命じた。

大阪高裁判決　2018年4月24日

被告は一審を不服とし、高裁に訴えるも、裁判所は一審で結審。

大阪高裁判決　2018年6月28日

高裁控訴審。高裁一審判決を支持し、保守速報に対し200万円の損害賠償を認める。また、保守速報のブログ記事は2ちゃんねるとは独立した別個の表現行為であることを認めた。

（中村純　まとめ）

李信恵さん提訴の反ヘイトスピーチ裁判
「対在特会」「対保守速報」２つの裁判の概要

1　「在日特権を許さない市民の会」（在特会）と同会の桜井誠元会長に対する損害賠償訴訟

事案の概要

在日朝鮮人のフリーライターである李信恵氏（原告）が、在特会及び同会元代表の桜井誠氏（被告）に対し提訴。桜井氏が「インターネット上の生中継動画配信サービス、街頭宣伝及びツイッターにおいて、李氏の名誉を毀損、侮辱し、脅迫及び業務妨害に当たる発言や投稿を行った」ことに対し、不法行為（民放 709 条）に基づき、550 万円の損害賠償請求を求めた裁判。

大阪地裁判決　2016 年 9 月 27 日

原告の訴えを認め、桜井氏の一部の発言や記述について「（原告の）人格権を違法に侵害するもの」とし、「人種差別の撤廃を求める人種差別撤廃条約に反した侮辱行為」と認定し、慰謝料など 77 万円を支払うよう命じる判決。

被告桜井氏も、原告李氏に対して名誉毀損の損害賠償を求める「反訴」をするも認めず。

大阪高裁判決　2017 年 6 月 19 日

控訴審判決。77 万円の支払いを命じた 1 審・大阪地裁判決を支持し、双方の控訴を棄却。人種差別を認めた 1 審から踏み込み、「人種差別と女性差別との複合差別に当たる」と認定。

最高裁判決　2017 年 11 月 29 日

計 77 万円の賠償を命じた控訴審判決を確定。

もくじ

第１部

尊厳の回復を求めて

李　信恵

第1章

オンニとの出会い

インターネットでつながりあった在日のなかまたち

　私は1971年、大阪の東大阪市という街で在日朝鮮人の2・5世として生まれた。アボジ（父）が1世、オモニ（母）が2世なので、2世でも3世でもなく間をとってそう名乗っている。今では、コンビニにでも普通にキムチやマッコリが売っているが、小さいときは、近所のスーパーにはキムチは売っていなかった。小さなビニール袋に入った「朝鮮漬け」ぐらいしかなかった。高校生のときは、周りに韓国や朝鮮民主主義人民共和国について、文化的な関心のある同級生はほとんどいなかった。大人になってからは、サッカーワールドカップの日韓戦、拉致問題など、テレビでは朝鮮半島のニュースが増えた。インターネットが普及したこの10年間ぐらいでは、日韓関係はひたすら悪化していったし、ヘイトスピーチは日常になってしまった。その一方で、Kポップは若者たちに圧倒的に支持されている。私にとって日常の「朝鮮」と、この日本社会のなかのそれは、近いようでいつも遠い。

小学校から大学まで、すべて日本の学校に通った。民族的な組織とは少し関わったけど、どっぷりでもなかった。小学生のときには総連（在日本朝鮮人総聯合会）が開催していたハギハッキョ（夏期学校）へ、中学生のときは通っていた公立中学校の民族学級、高校生になってからは学生会（総連の傘下団体で、日本の高校に通う在日韓国・朝鮮人の高校生の団体）、大学生のころには留学同（同じく総連の傘下団体、在日本朝鮮留学生同盟）などに参加して、民族的なことを学んだりしていた。けれど、なんとなくそこは自分の居場所ではないような思いもあった。在日のコミュニティのなかで、いつも浮いているような気持ちを抱えていた。親や兄弟も総連から距離を置いていたし、母方の異父兄姉が朝鮮民主主義人民共和国にいることや、同世代のほかの参加者との考え方のギャップもあって、そこから次第に離れていった。

それでも、中学生のときには、「本名宣言」をした。本名宣言とは、朝鮮半島にルーツを持つ学生が、学級内などのクラスメイトの前で、在日韓国・朝鮮人であることを宣言することだ。それまでは日本名で暮らしてきたけれど、民族の文化や歴史や言葉すら持たなかった自分にとって、民族名を名乗ることが在日朝鮮人としてのアイデンティティを取り戻すための第一歩になるのではないかと考えた。それに、いちいち「私は在日朝鮮人です」と名乗るよりも、名前を民族名にすればわかりやすいかもしれないとも思った。

高校生ぐらいのときからパソコン通信を始めた。1980年代のことだ。最初は、ニフティサーブだった。大学生のときにはインターネットが普及し始めたけれど、インターネットカフェは大阪では当初30分で1500円ぐらい利用料がかかった。もっと安いところがあったのかもしれないけれど、だいたいそんな感じだった。英語でのコンテンツがほとんどで、日本人のブログというかサイトは有名人では小室哲哉と米米CLUBのボーカルの石井竜也、藤井フミヤと千葉麗子とかぐらいで。この人たちの音楽やアートや発言にはあまり興味がなかったので、25歳くらいまではパソコン通信で交流していた。

パソコン通信では、趣味を通じて知りあったり、韓国が大好きな年上のユーザーとやり取りをしたりした。大阪の在日韓国・朝鮮人の集住地区である鶴橋のお店のなかでも、韓国からのニューカマーが営む食堂を訪ねたり、名古屋市千種区の居酒屋へオフ会に行ったこともあった。自分はまだ行ったことのない韓国という国について、楽しそうに現地の様子を語る人をみて、羨ましいような、憧れのような気持ちも抱いていた。当時は、SE（システム・エンジニア）など仕事でパソコンを使っている人が多かった。パソコン自体も高価だったし、通信には電話回線が必要で、それもまた高額だった。「荒し」と呼ばれる人たちもすでにいたけれど、パソコン通信のネットワークのなかのコミュニティには管理人もいた。「荒し」は無視したらやがて消えたし、管理人が退会にもした。

小さいころから家庭の中では、朝鮮語の単語が飛び交っていて、食卓にもキムチや朝鮮の食材が並んでいた。けれど、30歳になるまで、韓国へ行ったこともなかった。自分が体験したことのない、外国人登録証の中の記号でしかなかった韓国というものに、関心があった。自分の中の「すきま」を埋めるようなもの、それがパソコン通信だった。

世にインターネットが広まってからはSNS（ソーシャル・ネットワーキング・サービス）が盛んになった。インターネットを使って、個人で発信できるミニブログサービスだ。日本ではミクシィが最初に利用したサービスだった。

ミクシィでは、「在日コリアンコミュニティ」に参加していた。そこで仲良くなった人たちとオフ会を開いたり、鶴橋やその界隈を案内したりした。みんなで集まってキムチやコチュジャンを作ったこともある。自分の家の法事について語ったり、お正月に食べる料理について話したり。民族学校に通わなかったけれど、そこには日常に朝鮮半島が当たり前のように存在する「普通の在日」がたくさんいた。私が生まれ育った東大阪市は、他の土地と比べて在日韓国・朝鮮人は多い街だ。けれど、大阪市生野区ほどじゃない。


「お正月にみんなはトックを食べるけど、うちでは肉汁《にくじる》って呼んでるのも食べるよ」

「大根と人参と牛肉の入ったすましのスープですね、うちも食べます！」

「太刀魚の朝鮮煮が食べたい！」

「うちのオモニもよく作ってくれました」

「法事のときに並ぶお米のお菓子好き、ポン菓子みたいなの」

「小豆を蒸したお餅も」


そんな会話や（基本的に食べ物の話が多かったのは、食い意地が張ってるからなのか）、「在日家庭あるある話」などをして、楽しんでいた。仲良くなったのは、食卓に味噌汁と一緒にキムチが並ぶような、そんな人たち。民族団体というコミュニティを持たなかった私たちは、インターネットを通じて出会えるようになった。そして、次にはまったのがツイッター（途中で韓国のツイッターに近いＳＮＳも利用したけれど、そんなに頻度は高くなかった）。ツイッターを始めてからも、様々な出会いがあった。ツイッターを始めた当初は、本当に楽しかった。

上瀧浩子オンニ（お姉さん）との出会い

「在日特権を許さない市民の会」（在特会）のことを知ったのは、２００９年のことだ。ミクシィの「在日コリアンコミュニティ」で、参加者が「埼玉県蕨市でフィリピン人一家の在留許可を巡って、在特会という団体が嫌がらせを行なっている」「東九条にある在日朝鮮人の高齢者施設や京都朝鮮学校に襲撃をした」と投稿していたからだった。また、当時ライターとして仕事をしていたサーチナというニュースサイトでは、日韓問題などを記事にしていたが、韓国メディアが「対馬に来た韓国人観光客の排斥運動を行なっている日本の右派団体がいる」と同時期に報じていた。これも在特会のことだった。

在特会とは、インターネット上において「在日コリアンは日本人より優遇されている、特権を持っている」という、ヘイトスピーチの元になるような事実無根の言説を掲示板などに書き込み、在日に奪われた権利を日本人は取り戻さなくてはいけない、と主張する人々が集まってできたグループだ。その会員数は、結成当初は数百人、現在は1万６３００人以上。直接的な行動をする会員ではなく、情報を入手するために会員になったという人も含まれるが、市民団体としては悲しいことに、日本国内で最大規模の団体だ。各地に支部を持ち、２０１３年に入ってからは東京の新大久保、大阪の鶴橋など在日コリアンの集住地域で排外デモなどを繰り返す人々の中核的な存在だ。

２０１１年のある日、ツイッター上で在日の青年が「在特特会の京都支部発足オフ」を開くと告知した。この「在特特会」は、「在特会を特に許さない市民の会」の略で、「在特会を、差別を許さないぞ！」と言いながら焼き肉やホルモンなどを美味しくいただく、という趣旨のもとに開催されてきた。在日は、しんどいときほど、そのしんどさを笑いに変える。それが生きていくための知恵で、ずっと体に染みついているような気がする。自分もそうだ。ときどき、「オチないやん」と突っ込まれるけど。

待ち合わせ場所になったのは、ＪＲ京都駅八条口のマクドナルド前だった（今はこのマクドナルドはもう少し東側に移動している）。それまでの、自らを「非国民」と自称する在日や日本人たちが集まった「非国民オフ」などで顔を合わせたことのある人たちと再会した。「久しぶり」と声を掛け合うなかに、ひとりの華やかな年上の女性がいた。その女性を見た瞬間、

「うわ、めちゃ怖そう。んで、ド派手。たぶん、仲良くなれない」

と思った。主催者の青年は、

「あ、先生」

とその女性に声を掛けていた。知り合いなのかな。つばの広い帽子に、フレアスカートのワンピース。横断歩道をわたるときに、スカートの裾がひらひらと揺れていた。なんとなく、蝶々みたいだなと、後姿を見て思った。どこかのリゾートにいるエレガントなマダムのようだった。ここは京都のはずなのに。

その女性は上瀧浩子弁護士で、京都朝鮮学校襲撃事件の弁護団の一員だった。この事件は、在日朝鮮人が民族教育を実施することを目的に運営する学校法人京都朝鮮第一初級学校に、在特会のメンバーが押し掛け、ヘイトスピーチを繰り返して授業を妨害。在校生の児童や教職員、保護者などに深い心の傷を負わせたものだ。

在特会の会員を中心とした差別排外主義者に襲われた京都朝鮮第一初級学校は、２０１０年６月、在特会と

関係者を相手取り、街頭宣伝の禁止と損害賠償を求め、民事訴訟を提訴していた。同年9月16日の第1回口頭弁論が開かれ、この日までに計7回の口頭弁論が開かれていたという。この裁判に関心を持ってほしい、支援の輪を広げたいとの思いから、浩子オンニはありとあらゆる集会や飲み会などに足繁く通っていたそうだ。もちろん、この日の「在特特会」の参加もそういった理由からだった。

後日、この日のこと話をしたら、

「怖そうとか、お前が言うな」

と、友人たちに爆笑された。おかしいな、私もエレガントなはずなのに。浩子オンニは、

「もう、リンダちゃん（私のあだ名）！　私のどこが怖いのよ！」

とぷんぷん怒っていた。

私はその日は、夜行バスで福島県郡山市の朝鮮学校に向かい、翌日9月11日の「福島ハッキョ第4次除染作業」に参加する予定だった。東日本大震災と原発事故が発生して、朝鮮学校も被災した。しかし、国や行政は朝鮮学校を除染作業の対象外とした。そのため、朝鮮学校に関わる人たちや保護者などが自ら除染作業を行なうために立ち上がっていた。友人がこの学校の出身者でもあり、代わりというのもおかしいけれど、自分にできることがあればという思いから参加することにした。幼いときから私に朝鮮語や朝鮮の歴史、文化を教えてくれたのは、ほとんどが朝鮮学校出身者だった。自分のオモニも、若いころは朝鮮学校に関わってきた。だから、すごく身近な存在でもあったので、心配だった。もしも、除染作業から除外されたのが朝鮮学校でなく、別の外国人学校であっても行ったかもしれない。ただ、差別があることが、許せなかった。私もフェイスブックで

知り合った在日朝鮮人のBさんの呼び掛けに応じ、取材とボランティアのために郡山にある朝鮮学校に通っていた。

そのため、少し早く「在特特会」の会場だったホルモン屋を後にした。帰り際に目が合った浩子オンニは、

「またね」

と、手を振った。私はうっかり、

「はい」

と、答えた。そのあと、バスに乗り込んでから、そのときの笑顔が気になった。怖そうだけど、また会いたい。あ、また怖そうって書いちゃった。まあいいや。バスの車内で漠然とそう思った。

それからしばらくして、裁判の傍聴に行こうかと考えていた矢先。「在特特会」が開かれてから約1カ月後になる10月9日、同志社大学今出川キャンパスでシンポジウム「現代日本の排外主義とヘイトクライム　民族教育を拒む日本社会を変えていくために」が開催されると知り、そこに参加した。

シンポジウムが始まる前、同志社大の校門前には日の丸がはためき、在特会の桜井誠元会長がマイクを持って騒いでいた。10名ほどいただろうか、そして警察官は20名ほど。その間を通り過ぎながら門にたどり着くと、「在特会の関係者はシンポジウムへの参加お断り」との張り紙が貼られていた。

「なんでこんなところにも在特会がいるの？　やだな、怖い」

と思いながら門をくぐろうとすると、そこに腕組みをした女性が在特会らをにらみつけるように立っていた。

「あ、この前の在特特会のときの弁護士さんだ……」

そう思って会釈をして、シンポジウムの会場の教室へと向かった。向かいながら、何度も振り返った。

「在特会の前で、たった一人で立ってるなんて、すごい」

会場の席を確保すると、シンポジウム開始までまだ時間があったので、また門の前まで戻った。だけど、やっぱり在特会の罵声を聞くのが嫌で、恐怖心に勝てなかった。どうしていいのかわからずに、門の近くにあった灰皿の前で煙草を吸いながら、じっとその光景を眺めていた。

凛と立つ上瀧弁護士の姿をみて、こんな人になりたい、そう思った。と同時に、やっぱり裁判の傍聴に行こう、と決めた。行っても何もわからないかもしれないけど、少しでも知りたい。役に立たないだろうけど、上瀧弁護士みたいに格好いい大人、格好いい女性になりたい、そう思った。


同じ年、2011年の秋に、東京の小平市にある朝鮮大学校に行ったときの苦い思い出もある。創立55周年を祝う文化祭があり、福島大学の大学生たちも、友好を伝えるために参加すると聞いたので、訪ねることにした。バスに乗って朝鮮大学の近くに到着したとき、校門前には多くの警察官と、それに守られるようにして日章旗を持った人たちが集まっていた。在特会と、その活動に賛同する人たちだった。

朝鮮大学校前で在特会の桜井誠元会長は「朝鮮人を殺しにきた」と言い放った。私は「そこの朝鮮人のクソババア」と呼ばれた。数年後、ユーチューブに残っていた当時の映像を見て、校門先にいた自分が映っていることを確認して驚いた。在特会側の一員と思われるこの動画の撮影者は、当時は私が「李信恵」であり、「ライター」であることは知らなかったはずだが、クローズアップして映している。私が女というだけで標的にしたのだろう。

その際に、隣には朝鮮大学校の先生もいた。私の持っているビデオカメラを見て、「悔しい。あいつらのひどい姿を、どこかで取り上げてくれ。その動画をネット上で公開して、現状を伝えてくれ」とつぶやいた。その言葉が、そのときの表情が忘れられない。その眼には、涙がにじんでいたと思う。私は、ライターといいながら無力だった自分が今でも恥ずかしい。例えば動画サイトに投稿しても、そのコメント欄には「酷い」「差別は許せない」という言葉ではなく、差別者を称賛するヘイトスピーチが並ぶことは、朝鮮学校襲撃事件に関連して知っていた。どうしていいのか、わからなかった。

ヘイトスピーチと、女性であるということ

事件や裁判のことを知っていくなかで、ヘイトスピーチを行なう在特会やそれらに関わる「保守」運動を繰り広げる人たちに、女性も多く参加していることがずっと疑問だった。なぜこの女性たちは、差別をするのだろう。女性の政治家でも、そんな人が目につく。男性の社会で生き抜くため、のし上がるためには、差別と結びつくことが手っ取り早いのかな、そう感じてもいた。男性が差別するのはもちろんあかんけど、女性も社会的には弱者だったりする。弱者が、さらに弱者を攻撃すること、その構造や彼女たちについても、知りたいと思っていた。

当時、徳島県教職員組合襲撃事件について民事訴訟が始まっていた。この事件は、２０１０年4月14日、県

教組が四国朝鮮初中級学校に寄付をしたことに抗議するため徳島市の県教組事務所に在特会の会員らが押し入った威力業務妨害事件のこと。徳島県教職員組合と元書記長の女性が在特会と会員ら10人に損害賠償を求めた訴訟を起こし、最高裁第3小法廷は２０１６年11月1日までに在特会側の上告を退ける決定をした。在特会側の行為を「人種差別に該当する」と判断し、計４３６万円の支払いを命じた二審高松高裁判決が確定した。県教組事務所に押し入った在特会会員らのうち8人は、威力業務妨害などの罪で有罪判決が確定。しかし、女性の右翼活動家に対しては、不起訴処分がだされたのだった。

そのことについても様々な意見が出た。女性だから不起訴になったのかとか。自分が女性だからかもしれないけれど、そもそもなぜ、ヘイトスピーチをする女性がいるのか、と考えてしまう。かばうわけじゃないけれど、その背景に何があるのか、もっと知りたいとも思っていた。彼女たちは必死で居場所を探していたんじゃないかとも思う。もちろん、差別することが居場所なんて馬鹿げているが、女性としてその地位の向上について活動することより、より強い存在におもねること、愛国を掲げた排外主義の現場で「名誉男性」としてふるまうことしか、選択肢がなかったとしたら……。それもまた悲しいなあ、と思っていた。彼女たちもまた、何かの被害者なのかもしれない。日本社会で生きるために、守られるために右傾化するのかもしれない。そう思う自分は、少し甘いのかもしれないが。すると浩子オンニが、

「リンダちゃん、『複合差別』って知ってる？」

と、私に尋ねた。私は元気よく、

「知らん！」

と、答えたと思う。浩子オンニは、がっかりしたという風でもなく、

「複合差別って、２つ以上の差別が重なり合っている差別のことなの。たとえば、民族差別とか女性差別とか」と、続けた。そのときは、そんな差別の形態があることもちゃんと知らなかった。ただ、その言葉が耳に焼き付いた。知らなきゃいけない言葉が、見えない差別がいっぱいあるのかな、と思った。自分がこれまで受けてきた差別も、自分自身ではもしかしたら見えなかったのかもしれない。

差別を感知する

朝鮮学校襲撃事件の裁判にひたすら通ったのと同じ時期、金稔万《キムインマン》オッパ（お兄さん）のイルム裁判もあった。イルム裁判とは、職場で本名（民族名）でなく通名の使用を強制されたとして、兵庫県尼崎市在住の在日コリアンの金稔万オッパが、勤務先の建設業者や元請けのゼネコンなどに１００万円の損害賠償を求めた訴訟のこと。

２つの裁判の傍聴に通いながら、日本の中にある差別問題について少しずつ考えていくようになった。裁判中も、日本社会では排外主義がどんどん進み、朝鮮学校に対しての圧力、差別的な政策も進んでいった。朝鮮学校が高校無償化から除外され、それはまったく解決されないまま今に至っているし、朝鮮学校への補助金も多くの市や県で停止された。

差別問題に関心を持つと、また違う差別にも出会うというか、知ることになる。自分は朝鮮人だけど、日本の公立の小中学校に通い、民族学級もあって、中学生のときに本名宣言もした。民族名を使って、ずっと生きてきた。大人になって、結婚して、子どもができてからも、ひどい差別なんか受けたことがない。地域にも溶け込んでいるし、保育園でも学童保育でも、ＰＴＡや子ども会でも、役員をしてきたし。だから、差別とは無縁だ、と思ってきた。というか、無縁のふりをしてきた、と思う。よく考えると、わたし、人生のあちこちで差別に遭遇してきたやん。

例えば、16歳になったとき。当時はまだ外国人登録証は常時携帯で、指紋押捺制度が残っていたから、在日の子どもは大人になりかけのときに、儀式のように市役所に指紋を押しに行かなければいけなかった。指紋押印制度とは、１９５５年から２０００年まで実施された、在日外国人登録に関する制度のこと。日本に1年以上在留する16歳以上の外国人が、外国人登録証明書の登録原票などに、左人差し指の指紋を押さなければならなかった。私は昔、市役所で会ったチマチョゴリ姿のおばちゃんに、「指紋押したらあかんで」といわれたことがあって。そのときは多分、オモニの外国人登録の切り替えについて行っただけだった。けど、その記憶をなぜかずっと引きずっていたせいもあって、私は押さなかった。もちろん、新聞記事を読んだり、テレビでの報道を聞いたり、図書館で調べたり、自分なりに指紋押捺問題を考えたりもしていた。幼かったことで、アボジにすごく心配されて怒られたけれど。可愛い娘が自分で考えて決めたことなので、しぶしぶだけどそれなりに尊重してもらったと思う。まあ、いうことを聞かない、頑固なところはアボジに似たので仕方ないと思ったのかも。

指紋押捺拒否について何人かの大人に相談すると、

「指紋押すことぐらい、なんでもないわ。私やったら、何度でも押せる。押し間違えて、もう一回とかあったわ」

と、笑いながら話す民族団体の人もいた。

「もっと大きな差別もあるし、小さいことにこだわっていても」

と、いう人もいた。また、

「悪法もまた法やからな」

と、当時通っていた高校の倫理の先生は答えた。「法律だから従うのが当たり前」といいたかったんだろうか。まあ、自分の生徒が法律を犯すことを宣言して、それを勧める先生もあんまりいないだろうけど。なんというか、「どっちもどっち論」の先駆けみたい。考えることを放棄してる、というか。今になったら、指紋押捺は歴然とした、国が行なってきた差別だったとみんな認識しているけど、当時はそれを差別と感じない人も多かった。自分の場合は、差別に反対で指紋押捺を拒否したというよりは、勢いが大部分を占めたけれど。自分が感じた違和感を、ちゃんと形にできて良かった、と思う。


今、ふと思うと、市役所で会ったおばちゃんとのやり取りって、浩子オンニと初めて出会った日のことみたいだな。うっかり「はい」と答えて、それがずっと後につながる。うっかり、というと失礼かな。「はい」と答えさせる何かを感じたんだな、と思う。

高校生のときに、制服のベストを短く改良することが流行った。「チョンコみたいなことしたらあかんってお母さんにいわれた」という同級生がいた。「私が韓国人やって知ってるのに。チョンコって差別用語やで」というと、同級生は「あんたは朝鮮学校の子ちゃうやん。あんたのことじゃない」という答えを返してきた。通っていた高校は、大阪朝鮮高校の近所にあった。

「電車で2組の男子が朝鮮学校の子にしばかれたみたい」

と聞けば、

「3年とか2年とか、朝鮮学校は学年によって乗る車両が違うねん。同じ学年の車両に乗れば大丈夫や」

といい、

「朝鮮学校の生徒と喧嘩すると、1対1じゃなく、向こうはいっぱいに増えるねんて。卑怯や」

とか愚痴られると、

「ほなこっちもいっぱいにしいや。向こうは仲間が喧嘩したら、ほおっておかれへんねんやろ。喧嘩の仕方の違いや」

みたいに答えていた。それだけでなく、ささいな悪口もしょっちゅう聞いていたような気もするけど、言い返すことも次第に疲れていた。そういうのも、差別のひとつじゃないかな、と思う。……こう書きながら、なんか今でもツイッターやネットで同じことをやっている自分がいて、苦笑いした。マイノリティって、説明責任を負わされたり、同じ属性というだけで非難されたり、普通に生きるのがなかなか難しい。30年以上経っているのに、あんまり変わってないなあ、と思う。

高校生のとき、年末にアルバイトをしようと一学年上の先輩たちから誘われた。アルバイト先は、とある動物がイメージキャラクターの運送会社だ。その先輩は、民族学校ではなく日本の高校に通い、在日の高校生の集まりである総連の傘下の「学生会」という団体に一緒に参加していた人たちだった。ひとりは同じ高校だった。3人で面接に行って、結果からいうと、私だけが落ちた。別に不良だったわけじゃないし、服装も普通で面接も問題なかったと自分では思っていた。今はもうないけど、当時は履歴書に本籍地を書く欄があった。そこに「大韓民国」と書いて、氏名はもちろん民族名だった。

「腹立つわ、私だけ落ちた」

　ふてくされる私に、ひとりの先輩がいった。

「名前、李って書いた？」

「うん」

「そんなん、馬鹿正直に書くからやん。通名書いとけばよかったのに」

　えー、学生会で私ら活動してるのにそれはないやん、と思った。けれど、私以外の先輩たちは普段は日本名を名乗っていた。自分もそうだったらそうしたかもしれないし、それが差別から身を守る知恵なのかもしれないけど、自分にはできなかった。中学生のときに、朝鮮人ということはなにも恥ずかしいことではないし、隠すことではない、と思って本名宣言をした意味がないやん、とも思うし。

「定員が２人だったのかな。うん、きっとそうだ。自分に向いてないバイトだったのかもしれないし、もっと時給の高いところを探そう」、そう思うことにした。今なら、差別をするほうが悪いとはっきり言えるけど、そのころは、自分の努力で何とかなる、と思っていた。差別されているなんて惨めだし、自覚したくないし、同情もされたくない。それに、バイトの担当者に「これって差別ですよね」といったところで、そこで働ける可能性はない。「本当に差別があったのか」と、確かめる方法も何も持っていなかったから。

　大学生のころ、ふと飛び込みで入った美容室で。受付で名前を書いたら、その後担当になった美容師さんが、「日本語、お上手ですね」

と、声を掛けてくる。褒めているつもりで、良いことをしているつもり。私が留学生か何かだったら、嬉しかったかもしれない。でも、違う。意地悪な気持ちを込めて、

「日本で生まれたから」

と、返事をすると、

「お父さんとお母さんが、日本に来られたんですか？　中国の方ですか？」

と。

大阪や関西に生まれ育ったら、人権教育などで在日についての教育を受けることって当たり前で。在日がなんで日本にいるのかって、誰もが知っていて当然と思っていた。けれど、自分は恵まれていただけで、実はそうでもなかったってことに気付いたりする。その美容師さんは、大阪の人じゃなかったと思う。けど、大阪で生まれ育っても、在日が集住している地域から離れると、同じような感じなんだろうな。美容師さんが差別者というわけではないし、自分が差別を受けたって感じでもない。これが差別なのか、今でもわからない。でも、歴史や誰かの属性について無知や無関心だと、知らないうちに誰かを薄く傷つけたりもするんだな、と思う。まあ、今だったら2、3時間ぐらい日韓の歴史や在日がこの国に存在する理由をいえる。聞いてくれるのかどうかは知らんけど、話すよね。それが在日の大人の務めと思う。

大人になってからは、東京で事務所を開こうとしたときに、入居差別にもあった。ホテルに泊まろうとすると、受付で「パスポートを見せてください」といわれたこともあった。「私は定住外国人なので、パスポートの提示は必要ないんですよ」と説明して、それでも腹が立ったので、宿泊を予約したサイトに抗議のメールを送っておいた。丁寧な謝罪文が来て再発防止に努めるとあったから、まあいいかな、と思って今に至るけど。大人

になったら、ちゃんと意思表示ができるし、差別をはねつける力も付いた。でも、それでもそんな場面に遭遇するたび、忘れていた記憶が古傷のように痛みだす。

ヘイトに立ち向かう

ざっと思い出しただけでも、見えていなかった差別はいっぱいあった。2つの裁判に関わりながら、私にできることはなにか、と思っていた。まずは、私はライターなので、できる限り身近な問題について書いていけたらと思い、朝鮮学校に対する差別事件などについて、記事を書くようになった。2013年からは、在日の集住地域である東京の新大久保や大阪の鶴橋などで、ヘイトスピーチが激化していった。私は、2009年の朝鮮学校襲撃事件の発生当時に何もできていなかったし、2011年になってもそうだった。二度と後悔したくない。

そして、ヘイト街宣やデモの行なわれる現場へ何度も向かった。路上で垂れ流される在特会らの差別デモに対抗する人たちは、カウンターと呼ばれた。ヘイトスピーチをかき消すようにトラメガで叫ぶ人や、参加者を叱る人もいる。黙って、差別デモに抗議する旨が書かれたプラカードを掲げる人、街ゆく人に今何が起こっているかをアナウンスする人、差別反対を訴えるビラをまく人など、様々なカウンター行動を行なう人がいる。「カウンターに行くと、日当が3万円もらえる」というデマがネット上では流れたが、200回以上も通ったのに一度も日当をもらったことがない。むしろ、交通費で大赤字になっている。大阪、京都、神戸はもちろん、関東では東京や神奈川県川崎市、埼玉県、岡山県などにも駆けつけた。どこに請求すればいいのか、誰か教えてほしい。それはさておき、本当はデモや街宣に行くのは、毎回怖かった。当時の在特会会長だった桜井誠氏から名指しされ、彼やその支持者たちから、ヘイトスピーチをインターネットでも路上でも集中的に浴びるようになった。在特会が私を標的にしてからは、目の前で行なわれる、発せられるヘイトスピーチを聞くことには、堪えられなかった。実際に、ヘイト側の参加者からトラメガを振り下ろされそうになったり、唾をかけられたり、ひどい言葉をぶつけられたり、「殺せ、殺せ、李信恵」とコールされたこともあった。帰り道に、ひとりになってから泣くことも多かった。「李さんは強いね」「勇気があるね」といわれるたびに、「仕事だから」「取材やし」とあいまいな返事をした。

けれど、自分がもしも行かなかったら、自分より年下の、女性の在日が怖い目に遭ったら、と思うと、いてもたってもいられなかった。

今でも、２００９年と２０１１年の出来事が、自分の心の中でわだかまりとなって引っかかっている。何もできなかった自分は、浩子オンニに出会ってからちょっとだけ変わったと思う。デモや街宣で怖かったときは、同志社大学の門の前にひとりで立っていた、浩子オンニの姿を思い出したりもした。誰かのために、自分のために。ひとりでも立つ勇気をもらったと思う。私の前には、浩子オンニがいつも立っていてくれたのかもしれない。提訴してからも、今でもそう。

＊＊＊

ただ、２０１１年にインターネットの保守系の放送局である「チャンネル桜」に出演したことで、そこから次第に、私個人に対するネット上での攻撃や嫌がらせが増えていった。２０１３年に入って、在特会の差別街宣を批判するようになってから、ネット上でのヘイトの数は次第に膨大なものになっていった。２０１３年2月には、殺害予告を受けた。のちに殺害予告をした男は、「ノリでやった」と発言したが、警察署に行って事情を説明し、なんとか告訴できることになったので、刑事事件になった。

けれど、同時期に発生したその他の被害については、まるで取り合ってもらえなかった。何度も警察署まで自転車で通って、行きは猛スピードで行けるんだけど、その帰りは涙が止まらないので走ることができずに、長い道のりを自転車を押して帰った。「ヘイトスピーチを何とかしたいけど、警察では取り合ってくれず、刑事事件では無理なこともある。どうしたらいいんやろ？　民事事件しかないのかな。でも、長い時間がかかる。誰が助けてくれるんだろう。お金は？　弁護士は？」16ビット程度の脳みそは、ショート寸前だ。

そう思ったときに、浩子オンニの背中を思い出した。しんどいけど、もう少し自分ができることをがんばろう。まだ、朝鮮学校の裁判は続いている。路上でもネットでも、ヘイトスピーチと自分なりに闘って。ほんで、それでもまだあかんかったら。そのときは、浩子オンニにお願いしよう。京都朝鮮学校の地裁判決が出るまで、しっかり支援しながら自分も踏ん張ろう。そう思っていた。

第2章

裁判を起こすまで

「民事訴訟しかない」

裁判をしようと思う前に、一つの事件があった。

2013年2月9日に、東京の新大久保にヘイトデモと「レイシストをしばき隊」(カウンター団体のひとつ)の取材に行った。その場所で、200人近い人々が「ゴキブリ、ウジ虫、朝鮮人」「殺せ、殺せ、朝鮮人」と、聞くに堪えないヘイトスピーチを発しながら、楽しそうに歩く姿を見た。とても怖かった。すごく寒い日で、震えていたと思う。「関東大震災のときに朝鮮人を虐殺した人たちは、きっとこんなふうに笑っていたんだろう」と想像してしまった。目の前で笑いながら殺せと叫ぶ人たち。そんなデモが目の前を通り過ぎているのに、交番の中でストーブに当たりながら談笑している警察官や、無関心な街ゆく人々。そっちもまた、怖かった。

そのヘイトデモの後には、「おさんぽ」と称して、新大久保の路地に点在する韓国人の商店や観光客に嫌がらせをすることも予告されていた。そんな人々を止めるために結成された、「しばき隊」の取材をするはずだった。けれど、恐怖が襲ってきて、すぐにその場所から離れて大阪へと帰りたくなった。急いで解散場所から離れようと新宿駅方面に向かうと、目の前にヘイトデモに参加していた和服姿の男性の姿があった。避けるようにして山手線で品川まで行って、新幹線に飛び乗った。

翌日は、昨日のひどいデモのことを思い出しながら、それでも２日間にわたって開催されると予告されていたヘイトデモのことが気になっていた。ツイッターを覗くと、10日には「おさんぽ」自体が行なわれなかったとあったので、少しだけ安心した。


そしてさらに翌日。いつものように朝起きて、仕事をするためネットを起動させると、ツイッター上には、

「良い朝鮮人も悪い朝鮮人も追い出そう。女性（私のツイッターのアカウント名）は殺そう」

とあった。一昨日の風景が頭をよぎった。このままでは、本当に殺される。そう思って、すぐに警察に通報した。


それから何度も地元の警察に足を運び、その過程で大阪府警の捜査員が私の自宅に来ることになった。私の部屋が事務所になっているから、ということで現場検証するという。

「あの、絶対に自宅に来なきゃダメなんですか?」

と聞くと、

「李さんがその書き込みを見たパソコンのある場所が事件現場になるので。何か不都合なことはありますか?」

という返事が。

「部屋がね、散らかってるんです。3日待ってください」

と答えた。私の部屋は、普段はまるで樹海だ。机の上では積まれた本がときどき雪崩を起こす。警察との電話を切って、すぐ幼馴染みの友人に連絡をとった。

「助けて、警察来るねん」

「あんた、またなにやったん」

「またって人聞きの悪い。なにもやってないって。というか、やられたほうやねんけど。警察が事情聴取と現場検証で私の家にくんねん」

「それは大変や。ほんで、どうしたらいいのん?」

「部屋の掃除を手伝って」

「なんや、そんなことか。信恵の部屋、たいがいやもんな」

というと、友人はすぐに飛んで来てくれた。掃除が終わるのに、朝から夕方までかけて、それでも丸2日かかった。どんな部屋やねん。

捜査員は3人だった。サイバー課だというそのうちの一人は、一冊の本を持っていた。ふと見ると、表紙に『ツイッター入門』とあった。サイバー課、それで大丈夫なのか。目が合うと、

「SNSっていうんですか、こういう方面はあまり詳しくなくって。本を買って読んできたんですけどね」

と話す。そして、自分のパソコンを開きながら私は、事件当時のことを解説した。

「そのときはついっぷる(ツイッターを簡単に使用するウェブ上のサービス。現在は終了した)からツイッターを見ていて」

「ついっぷるって何ですか？　ツイッターじゃないんですか」

「ツイッターを使いやすくするサービスで、まあ使い方はほぼツイッターと同じようなもんです。で、こんなメンションが来て」

「メンションって何ですか」

「私のつぶやきに対して、第三者からの返答というかコメントのことです」

　みたいなやり取りをしていた記憶がある。ほかの捜査官は、私の部屋の、とりわけ本棚をじっと見ていた。変な本は置いてなかったと思うけど、本棚を見られるのは自分の脳みその中身を見られているようで落ち着かない。裸を見られるようなものかな。

「気になる本がありますか」

　本棚から目を離さない捜査官に尋ねると、

「法律の本が多いですね。それから、バスケットが好きなんですか？」

　４つ並んだ本棚の端には『スラムダンク』が全巻並んでいた。

「諦めたら試合は終了って言葉が好きです」

　みたいな返事をした。捜査官は聞いてなかったっぽい。


　やっと被害届が出せたのが5月。それまで、警察はなかなか動こうとしなかった。警察で、「日本人ならネットで殺害予告されれば、すぐに逮捕される。けれど、朝鮮人は本当に殺されるまで何もしてくれないのか？」と泣いたこともある。

　刑事で事件化されたのは、ツイッター上で脅迫されたこの1件に留まっていた。警察署に訴えて事件化されなかったことはたくさんある。ツイッター上で私をはじめ、在日の女性に集中的に嫌がらせをしてきたヨーゲンと名乗る男（2014年の春に別件で逮捕された）、そして桜井誠元会長や2ちゃんねる、まとめサイトの「保守速報」などによる嫌がらせ、脅迫、侮辱などだ。ヘイト街宣中に、取材する自分の姿を盗撮されてネット上にその写真が掲載されたことは何度でもある。

ツイッターで、ヘイトスピーチもたくさんぶつけられたが、それだけではなく、猥褻な画像や動画も送られてきた。女性や男性の裸、自慰行為、海外のセックスワーカーのデモ写真、あと、人間や動物の死体の写真も多かった。ツイッターを利用している男性たちの友人と比較すると、そういった猥褻で残酷な画像が送られてくるのは、女性である私のほうが圧倒的に多かったような気がする。私のツイッターが、私の心が、ゴミ箱のように思える日もあった。

彼らから、ネット上や路上で、数え切れないほどのヘイトスピーチを受けてきた。警察に何度も足を運ぶ中で、刑事事件はハードルが高すぎると思うようになった。

「桜井誠氏は、在特会や支援者に向かって『李信恵に五寸釘を送れ』といっている。これは脅迫では？」と刑事に相談すると、

「五寸釘が実際に自宅に送られてきてはないでしょ。それに、送られてきたとしても殺傷能力があるわけでもないしね。呪いの道具っていっても、呪いで人は死なないしね」

といわれる。ヘイトスピーチは、いつか人を殺す呪いのようなものなのに。

「ブス、朝鮮人のクソババア、ドブエなど繰り返しいわれたり、書きこまれたりする。これは侮辱でしょ？」

「李さん、可愛いから大丈夫ですよ」

……可愛いのは知ってるけど。私がいいたいのはそんなことじゃなく、容姿を第三者というか特に男性に批評されたり、女性であるからこそひどいことをいわれているのは、女性差別であるということだった。なのに、日本社会のマジョリティ中のマジョリティである警察の中の人には、それが見えない。

大阪駅のヨドバシカメラ前で、ヘイトスピーチを何時間も聞くのが堪え切れずにカフェで休憩していたら、その姿を無断で撮影され、ツイッター上にアップされたこともあった。犯人を見つけて、削除するように詰め寄り、その足で曽根崎警察署に向かった。

「盗撮といっても、裸だったり、下着を撮られたわけじゃないから」

と、軽くあしらう警察官に腹が立ち、そこでも涙がこぼれた。ここで引いちゃあだめだと思い、

「男性に被害を受けた女性の気持ちなんかわからない。こんな被害のときは婦警が担当じゃないの?」

と猛抗議すると、やっと女性の警官が来た。けれど、被害届は出せず、相談ということにとどまった。そんな毎日のなかで、これはもう、民事でいくしかないのではないか? と思うようになっていた。

その後、大阪府警は2013年7月3日、在日韓国・朝鮮人の排斥を主張するデモを批判したフリーライターの女性を脅したとして、脅迫容疑で東京都品川区戸越に住む会社員の男を書類送検した。このフリーライターの女性が、私だ。送検容疑は、同年2月11日にツイッターで、「良い朝鮮人も悪い朝鮮人も追い出そう、女性(私のアカウント名)は殺そう」などと書き込み、脅したこと。府警によると、デモを批判する李信恵の記事を読み腹が立った、と容疑を認めた。その後、彼は不起訴になった。刑事事件になったのは、この一件だけだった。

これで、民事訴訟しかないと思った。

その年の秋、10月7日、京都朝鮮学校襲撃事件の裁判の判決が、京都地裁であった。勝訴だった。在特会らに対し、1200万円超の損害賠償の支払い（仮執行宣言付）と街宣禁止の命令が出た。勝利をみんなでかみしめながら、そのときに決めた。浩子オンニに連絡をして、

「オンニ、控訴審もあるやろうけど、いったんは落ち着くよね。私も訴訟をしたい」

と打ち明けた。断られたら、この訴訟をあきらめようと思っていた。浩子オンニは「わかった」と即答してくれた。

民族差別、女性差別、その2つが密接に絡み合った複合差別について教えてくれたこと。それからインターネットに詳しいこと。朝鮮学校の襲撃事件では、事件をネット上に投稿した動画が、差別を拡大する一定の効果を持った。そういうことをちゃんと知っている人でないと、自分の被害についてもわかってもらえないと思った。そして女性であること。警察署に行くたびに、女性であるからこそこんな嫌がらせがあるということを、なかなか理解してもらえなかった。また、自分の被害を男性に打ち明けることも嫌だった。これらの条件がそろった弁護士は、なかなかいない。運命といったらおかしいかもしれないけど、この人しかいないと思っていた。

当初、訴訟は、私に対してインターネット上で差別発言を繰り返したニュースブログサイト「保守速報」を念頭に置いていた。しかし、11月に上京した際、フリー編集者の野間易通さんに訴訟について相談したら、「李さんは目立っているから、ボスを訴えることも必要では？　関東ではIさん（行動する保守の活動家・瀬

戸弘幸氏を提訴し、勝訴した男性）が闘う。関西でそれをするのは、李さんちゃう？」

といわれた。

「相手のほうのボスって誰？」

「在特会の桜井や」

「……」

「あれだけ名指しでやられてんねんから、大丈夫。絶対勝てる」

自分でも、大丈夫かなと思いながらも、しばらくは悩んだ。当時、在特会の会員数は約1万4500人。幽霊会員も多く、実数は不明とはいえ、悲しいことに、日本国内における市民団体では最大規模だ。「1対1万4500の闘い、怖いな」というのが、正直な気持ちだった。

その後、「保守速報」とともに、在特会と桜井誠会長（当時）を訴えたいと浩子オンニに話し、受任してもらった。大杉光子先生という、すばらしい弁護士も紹介していただいた。

「刑事事件に強い先生で、私と違ってすごく冷静なの。ずっと女性問題や日本軍『慰安婦』問題についても取り組んでこられたのよ。在日無年金裁判でも、一緒に闘ったわ」

その日の浩子オンニは、事務所を一緒に出ようといった。帰り道、浩子オンニは私の顔を覗き込み、

「私をこの訴訟の弁護士に選んでくれて、ありがとう」

と、微笑んだ。そして、一緒にすこし泣いた。

この年の年末には、ヘイトクライムに関するシンポジウムに参加した。その直前に友人から「カウンターに

参加するリンダ（私のあだ名）は、若い人たちにとっては格好良く強い女性に見えるだろう。でも、ヘイトスピーチを前に傷つく、普通の人間だっていうことを、シンポジウムで話してちゃんと伝えなきゃあかんとも思う」といわれた。自分は、ごく普通の人間で、強くない。カウンターで反差別のチラシを撒いていたとき、いったんは受け取った通行人に「だけど朝鮮人は出ていったらいい」と笑われ、チラシを丸めて捨てられたことがある。植え込みにしゃがみ込んで悔しくて泣いている私の隣で、黙って背中をさすってくれた友人もいた。

そういった人たちに見守られながら、訴訟の準備を始めていった。

「保守速報」の管理人を探しだす

提訴は最初、2014年の2月14日を考えていた。この日は桜井元会長の誕生日で、前年の同日のニコニコ生放送で彼から「5寸釘を李信恵に送りつけろ」といわれたこともあったので、それならば私は訴状を誕生日プレゼントにしようかな、と考えていた。

だけど、証拠集めと保守速報の管理人の特定に時間がかかり、2つの裁判の提訴は当初の予定より半年以上も延びた。保守速報の管理人が誰なのか、最初はまったくわからなかった。裁判をしようと思ったとき、相手の特定が必要になる。在特会とその元代表の桜井誠氏は、朝鮮学校襲撃事件当時、被告側の在特会代表だったため、簡単に特定できたし、訴状の送り先の住所もわかっていた。

しかし、保守速報はどこの誰が管理人かすらまったくわからない。裁判を起こすことすら大変だと思っていた矢先、２ちゃんねるである出来事が起こった。あるネットユーザーが、ドメインの所有者情報を簡単に検索できる「ＷＨＯＩＳ」というサービスを利用して、保守速報のドメインの「hoshusokuhou.com」に登録されている管理人の氏名、住所などの情報を公開。「kurita kaoru」という人物が保守速報に関わっているのではないか、ということを指摘した。すぐさま、「保守速報が身バレした」として、２ちゃんねるでは騒動になった。この事件が起こってすぐ、保守速報はドメインを「hosyusokuhou.jp」に変更。訴状を出せるのではないか、と安心したのは束の間で、ネット上で公開された場所にはもう、「kurita kaoru」は住んではいないこともわかった。

「ＷＨＯＩＳ」で明らかとなった管理人の住所をもとに、代理人によって現在の住所などについて開示請求が行なわれた。すると、「kurita kaoru」なる人物の現在の居住地は「台湾」となっていた。台湾と日本には国交はないし、本当にその人物が台湾にいるのかもわからない。せめて市町村ぐらいわかっていたらなんとかなるかもだけど、そういうレベルじゃなく、国ではあまりにも広すぎる。入管に出入国記録の問い合わせをしようにも、本人に弁護士からの開示請求があったことが知られてしまう。どこに訴状を出すのか、裁判が起こせるのかどうかというところで、立ち往生してしまった。

裁判が始まってから、保守速報側の代理人・辻洋一氏が「原告が『法しばきをする（訴訟を起こすの意）』といってから提訴まで半年以上も過ぎているのは、その間にわざと被害を増やそうとしたためだ」というようなことを口頭弁論で述べた。提訴が遅くなったのは、訴状をどこに送るかで困っていたからだ。訴状を一日でも早く出したい気持ちと裏腹に、保守速報の記事は日々増えていく。在特会や桜井誠氏からのヘイトスピーチは止まらない。その間、家族や友人たちに泣いてばかりいた。そのことを相手方の代理人は知ってか知らずか、自分たちに都合のいいことばっかりいって、ひどいよな、と思った。

そして、保守速報の管理人の住所を特定することになった。管理人は、栗田香という人物であることがわかった。これまでネットやリアルで、ヘイトスピーチをまき散らすようなひどいことをしておきながら、本人と特定されたり指摘されたりすると、

「そんなつもりじゃない」
「差別の意図はなかった」
「自分が差別者にされることこそ差別」
「自分こそ被害者だ」
「差別されるほうにも理由がある」

みたいなことをいう人を、たくさん見てきた。

「自分には在日の友だちがいる（から差別者ではない）」

という言葉まではなかったが、栗田香氏も、保守速報の管理人と特定されたときに同じようなことを浩子オンニに話していたという。最後まで、私への謝罪の言葉はなかったそうだ。

保守速報の管理人と連絡がとれた、と代理人の浩子オンニから聞いたとき、私ははっとしてすぐに友人に連絡をした。

「今、保守速報の管理人が特定できました。代理人と、電話で話をしています。私も保守速報の記事の魚拓（ウェブサイトを魚拓のように保存すること）を取っているけど、ここ2、3日のはできてなかった。特定されたことで、彼が証拠を隠滅するために記事を消してしまうかも。今すぐに、保存をお願いします」

その連絡をした直後から、保守速報のサイトから次々と、私に関する記事が消えていったという。

いざ、裁判にむけて

裁判の証拠資料を作るために動画やネットを見ては吐き、孤独感にさいなまれて眠れない毎日を過ごした。

2013年5月3日に行なわれた、神戸三宮の定例街宣では、桜井誠氏に公衆の面前で名指しされて、ヘイトスピーチを浴びた。誰も助けてくれなかった。そんなことを思い出した。街宣が終わってから、駆け寄ってくれた友人はいたけど、罵声を浴びているときは独りぼっちだった。帰りに友人たちと合流して、カフェでお茶を飲んで。みんなの前では平気なふりをして、笑ってはいたけど。すごくつらかったなあとか、思い出しながらぽろぽろ泣いた。泣きながら、自分への罵倒をひたすら文字起こしした。

眠ろうとすると、今でもそのときのことを思い出す。耳元で、怒鳴り声が聞こえるような気がする。この日の自分を撮影していたヘイト街宣の参加者は、ずっと笑っていた。

裁判の準備をしながら、浩子オンニの事務所に通うたびに、帰り道に涙がこぼれた。証拠として、保守速報の記事の中の引用された2ちゃんねるの私への差別コメントを、ずっと分類していた。膨大な数だったので、手伝ってもらってはいたけど、自分でもずっと確認作業をした。これは「侮辱」、これは「脅迫」。「民族差別」、「女性差別」……。浩子オンニの事務所で、弁護士の大杉光子オンニと3人で「こんなにいっぱいあって、ひどいよね」と最初は笑って、雑談もしていたけど、次第にみんな無口になっていった。

裁判準備の最中、「裁判をしようと思う」と、親しい友人だけに打ち明けた。多くの人が「頑張れ」「最後まで応援するよ」「絶対に勝てるって」と励ましてくれるなか、唯一、弁護士の師岡康子オンニだけが反対した。「裁判を起こしてから発生する二次被害のことを考えると、被害者が矢面に立たなければいけない民事裁判はリスクが高すぎる」と。心配してくれているからこそ、反対してくれたんだろうと思う。

それでも、やっぱりこの裁判は必要だと思った。私にしかできない裁判だから、ここでちゃんと闘わなければ、と思ってもいた。在特会の桜井元会長に「名指しされた」在日朝鮮人の女性は、私しかいないんだから。そして、ちゃんと訴訟に反対する人がいてこそ、この裁判は勝てるんじゃないかな、とも感じた。何かのように担がれるのも嫌だったし、それも違うと思っていた。裁判することを称える人ばかりでは、勝てないような気がどこかでしていた。

後日、師岡康子オンニは、

「ある人に、『二次被害が心配だから、信恵ちゃんへ裁判することをもう少し考え直すようにいって』と伝えたら、『信恵は言い出したら聞かないから、止めても無理だろう』っていわれたの。私より信恵ちゃんのことをわかってるみたいで、ちょっと悔しかったわ」

と、笑っていた。そう、私は言い出したら聞かないのだった。でも、康子オンニ、ほんとうにありがとう。反対してくれたからこそ、最後まで頑張らなきゃとも思ってたし、2014年の提訴後に会ったときには、康子オンニは泣きそうな顔をしていた。心から心配してくれてたんだなあ、と思った。

私は、直接名指しで罵倒されてきたので、今回訴訟を起こすことができたが、

「朝鮮人を殺しにきた」

「良い韓国人も悪い韓国人も、どちらも殺せ」

ひどい言葉を発しても日本では何の罪にも問われない状態だった（2016年にヘイトスピーチ対策法ができたとはいえ、まだ理念法だ）。自ら選択できない属性を持って、死ね、殺せと誰かにいわれることがあってはならないはずだ。しんどいなあと思うたびに、名指しで攻撃された自分しか裁判はできないから。自分の役目だからといい聞かせたりもしていた。

提訴する直前に、毎日新聞の後藤由那記者から、提訴に至った思いをインタビューさせてほしい、と話があった。彼はそれまで、大阪でヘイトスピーチ問題を追い続けてきた人で、朝鮮学校の問題についても考えてくれていた。信頼できる友人と思い、裁判をしようと思うと伝えていたからだ。けれど、インタビュー自体に問題はなくても、一社だけが先だって記事にすると、裁判が始まってから他社が協力してくれなくなる可能性もある。

「全社一斉に知らせると、ベタ記事扱いになったり、最悪取り上げてくれないこともある。そして、提訴するのはお盆明けなら、その間は終戦記念日特集で事前に紙面の構成も決まっているかもしれない。うちなら、丁

申し訳ないけど一社だけ抜くことは無理だ、と伝えた。

「丁寧にきっちりとした記事にする」

とも言ってくれたものの、代理人と相談した結果、提訴したときに司法記者クラブで記者会見をするから、申し訳ないけど一社だけ抜くことは無理だ、と伝えた。

そして、代理人から司法記者クラブに提訴することと記者会見の申し込みをしたところ、その月の司法記者クラブの幹事社だった某社から、

「記者会見するほどの内容でもないので、行なわない」

という連絡がきたそうだ。それを聞いて、唖然としてしまった。２０１３年から２０１４年の提訴の直前までヘイトスピーチが社会的に問題になってきたはずだし、メディアもたくさん取り上げてきた。院内集会も開かれた。けれど、記者会見するほどの内容ではない、と某社はいう。自分たちマイノリティにとっての死活問題が、マジョリティにとっては取るに足りないことなのか、と思った。世間と自分の間のギャップを、すごく感じた。悔しかったけど、提訴する日まであと1週間しかない。裁判支援の事務局からは、

「司法記者クラブが無理なら、こちらで記者会見会場を手配しようと思う」

との連絡があったので、任せることにした。

でも、記者会見ができてもできなくても、記事にはしてほしいし、ちゃんとこの問題についてわかってる人に取り上げてもらいたい、と思った。そして、後藤さんに再度、連絡をした。

「わかりました、司法記者クラブに連絡したので、全社が提訴のことは知ったはず。うちが記事にします」

と、いってくれた。

２０１４年8月13日、裁判の直前に毎日新聞が提訴について記事にしてくれた。その反響はいい意味ですさ

まじく、すぐさま司法記者クラブの幹事社からも電話があった。

「担当者のミスだった、申し訳ない。提訴後に記者会見をお願いします」

と。おい。でも、まあいいや。

そして、８月18日、「在日特権を許さない市民の会」（在特会）と同会の桜井誠会長（当時）、まとめサイトの保守速報の管理人・栗田香に対し、損害賠償を求める訴訟を大阪地方裁判所に起こした。事前にドタバタしたものの、記者会見も終わった。ひと息ついた私に、

「李さん。ほんとうにしんどいのは、これからですよ」

と、代理人の光子オンニがいった。

その意味がわかるのは、それからすぐのことだった。

第3章

チョゴリを着る日

産んでくれてありがとう

裁判の提訴の日が迫るなか、ふと中学生のときのことを思い出していた。中学生のときに本名宣言をして、その後の文化祭では、農楽を踊ることになった。農楽というのは朝鮮半島で古代から伝承された農民の音楽と踊りのこと。その際に、パジチョゴリ（男性用の民族衣装で、チョゴリは上着、パジはズボンのようなもの。パッチの語源になったといわれている）でもチマチョゴリ（チマはスカート）でも、どちらを着てもよいと先生からいわれた。私の通う中学校では、民族学級はあったものの、備品はたいしたものがなく、楽器やチョゴリはいつも他校から借りていた。1年生のときに踊った扇の舞のときのチマチョゴリも、他校から借りたものだった。それが、なんとなく嫌だった。

パジチョゴリとチマチョゴリのどちらを着ようか迷っていたある日、あることを思い出した。小さいときにタンスの引き出しを開けると、とてもきれいな水色のチマチョゴリがあった。それは、オモニがアボジと再婚するときに、オモニのお姉さんがお祝いにと作ってくれたというものだった。「いいな、私も大人になったらこんなきれいなチョゴリを着たいな」と思った。オモニに、「文化祭でチマチョゴリかパジチョゴリが着られるねんけど、私どうせやったらお母ちゃんのチョゴリが着たい」というと、オモニは、

「大人用やし、古いやんか」

と返事をしながら、どことなく嬉しそうだった。オモニはチョゴリを引っ張り出して、トンジョン（チョゴリの襟）を付け替えて、綺麗にアイロンをかけてくれた。

「お母ちゃん、これちょうだい。ほかのも欲しい」

「いいよ、今はまだサイズが大きいかもしれんけど、そのうちに合うようになるかも。大人になったら着なさい」

「裁判のときは、あのチョゴリを着よう」

そう思いついて、実家に向かった。自宅と実家は自転車で5分ぐらいの場所だ。自宅にも数枚のチョゴリはあったけど、あのチョゴリが着たい。なぜかそう思った。その頃オモニは初期の認知症と診断されたばかりで、デイサービスに通うようになったものの、まだ実家でひとりで生活をしていた。

「信ちゃん、どうしたの?」

「お母ちゃん、あのな。私裁判するねん。ほんでな、チョゴリ着ようと思うねん」

そして、自分の部屋だった2階の片隅にあった衣装ケースから、オモニにもらったチョゴリを数枚引っ張り出した。

「お母ちゃん、中学のときに文化祭で私これを着て踊ったの、覚えてる？」
「そやったかな、あんたよく持ってたね」

自宅に戻って、チョゴリを広げて羽織ってみると、サイズはぴったりだった。けれど、50年以上も前のものなので、ところどころにシミがあったり、生地も傷んでいた。もちろん、形も古い。

このままでもいいけど、でもどうしようか、と考えていたときに、ひらめいた。フェイスブックで友人になっている、神戸に住むというチョゴリのデザイナーの黄優鮮《ファンウソン》さんに相談してみよう。彼女が作るチョゴリの色合いはとても繊細だった。現代の韓国の流行もさりげなく取り入れているところも素敵だなあ、とずっと思っていた。以前、チョゴリをリメイクしているという投稿を読んだこともあった。なので、無理を承知で連絡を取ってみることにした。

「突然失礼します。チョゴリのリメイクをお願いしたいのですが、時間と予算ってどれぐらいかかるのかお伺いしていいですか？　オモニのチョゴリで、すごく古いものなんですが」
「期間ですが、そのときの忙しさによってまちまちですが、余裕持って3カ月ほどは考えていただけたらと思います」

このやり取りをしたのが、２０１３年7月29日だった。当初は3カ月かかると聞いたのに、３週間強でリメイクしてくれなんって、無茶なお願いをする奴は誰だ。……リクエストに応えてくれて、本当にありがとう。それから判決まで、対在特会との裁判で着たチョゴリはすべて彼女に作ってもらった。そして、チョゴリは現在、50枚以上になった。一生分は作ったかもしれない……。

提訴した日は、偶然にも自分の誕生日だった。チョゴリをまとうと、中学生のときの自分に戻ったようだった。文化祭のステージに立つ私を、温かく見守ってくれたアボジとオモニ。その愛情に、包まれているような気分になった。そして裁判所に行く前、オモニがお世話になっているデイサービスにチョゴリ姿のままで立ち寄った。オモニは、

「どうしたの？　なんでチョゴリを着てるの？」

と、いつもと変わらない笑顔で私に尋ねた。

「オモニ、今日は私の誕生日やで。産んでくれてありがとう」

そう伝えてから、裁判所に向かった。

陳述書に記した想い

裁判にあたって、いくつかの陳述書を書いた。そのひとつをここに引用して、訴訟への想いにかえたいと思う。

「対保守速報との意見陳述書」

1　自己紹介

李信恵です。東大阪市在住で、在日朝鮮人です。アボジが1世、オモニが2世のため、2・5世と名乗っています。大学卒業後から、ずっとライターをしています。現在は、日本人の夫、18歳の息子と3人で暮らしています。現在はネットのニュースサイトをはじめ、新聞や月刊誌など各種媒体で記事を書くなどし、日本国内外の差別問題、日本軍「慰安婦」問題、教育問題等に取り組んでいます。

2　保守速報の私の記事を知った経緯

保守速報とは、2ちゃんねる掲示板から無断転載した書き込みをまとめたサイトの一つです。2ちゃんねるのまとめサイトの多くは、ネット上のデマを検証もなく垂れ流しています。その中でも「保守速報」は群を抜いて過激で、朝鮮半島や中国、在日への侮蔑的、攻撃的な記事を多く作成していました。2013年ごろからは、特に私への「ヘイトスピーチ」を2ちゃんねるから抽出し、多くの記事を作成していました。

そうすると、ネット上で私への嫌がらせをする、いわゆるネット右翼と呼ばれる人たちが、私の記事が保守速報に掲載されるたびにそのURLを送り付けてくるなどしたため、否応なく目にすることになりました。ツイッターでのリツイートやメンションは、保守速報の記事1本あたりで少ない時で数千件、多い時で数万件以上に及びました。

3　私に関する保守速報の記事を見て受けた精神的苦痛

私は、保守速報の私の記事に気がついてから今までの約3年半の間に、摂食障害、不眠症、突発性難聴になりました。左耳の聴力はまったくありません。また、円形脱毛症もできました。裁判期日の直前になると不安にさいなまれます。裁判の準備をするために、証拠資料を読み返しますが、そこに並んでいるのは自分へのヘイトスピーチであり、何度も被害を体感することになります。

私が、保守速報の記事を初めて目にしたのは、2013年ごろでした。私は自分自身が署名記事を書いているので、その記事の反応を見るために自分の名前である「李信恵」をツイッターやネット上で検索（エゴサーチ）することがよくあります。また、メンション欄に通知が届いていることもあったのですが、反応が異常に増えてきた時期がありました。なぜかと思い、詳しく読み込んでみると、保守速報の記事が飛び込んできました。それまでもまとめサイトに記事にされたことはありましたが、タイトルから非常に悪質でした。

その記事では、自分の写真が多数使われ、時には、悪意に満ちた似顔絵を載せられることもあり、女性であるがゆえに容姿を揶揄されました。在日朝鮮人であることを侮辱し、罵倒し、差別する「ゴキブリ朝鮮人」「チョン」「ドブネズミ」「土人」などのおぞましい言葉が太字や色付きの文字で強調され、並んでいました。それらの記事を見て、私はとてもショックを受けました。

眠れなくなり、何度も吐き、嫌がらせを見るのがつらくてツイッターを休止したこともあります。お酒を飲んでも眠れず、睡眠導入剤も欠かせなくなりました。やっと眠っても、悪夢を見てうなされてすぐ起きてしまいました。

私は、日本の公立学校に通い、大人になってからは積極的に地域での活動に参加してきました。中学2年生のときに、私は、民族名を使うことにしました。私は日本の公立学校にずっと通ってきたため、民族学校の出身者や朝鮮半島で生まれ育った人と違い、言葉や文化について少ししか知りませんでした。民族の誇りというものはほとんど持っていませんでしたが、それを自分のものにする第一歩が民族名を名乗ることではないかと思ったから、変えました。

李という姓を使うと、名前を名乗っただけで自分が日本人ではないということがすぐに相手に伝わることになります。同じクラスの友人たちも、私の気持ちを尊重してくれてすぐに民族名で呼んでくれました。初めて民族名の名札を付けたときが一番嬉しく、朝鮮人へ近づけたような気がしました。高校生のときにアルバイトの申し込みに在日朝鮮人の先輩たち3人で行ったことがあります。先輩たちは日本名で応募しましたが、私は民族名のままでした。その結果、私だけが不採用でした。理由はわかりません。

大人になってからは、名前を名乗っただけで不動産会社から「外国人はお断り」といわれたり、初めて入った美容院では「日本語がお上手ですね」といわれたりもしました。「黙っていたらわからないのに、損やで」と、在日の友人からいわれたりもしました。今考えると、差別は確かに存在していましたし、民族名を名乗ってから受けることが多かったように感じます。でも、差別されたことが悔しく、惨めだったので、自分でもこれは差別ではない、自分の努力が足りないからだと、必死で思い込もうとしていました。

私は、生まれ育った場所を愛していますし、この国が自分の故郷だと思っています。

しかし、保守速報の記事にはほぼすべてに「日本から出ていけ」「朝鮮半島に、祖国に帰れ」といった書き込みが並びました。保守速報の記事を見るたび、自分自身の存在を脅かされるようで不安になりました。自分がまるで殺されるような、「死ね」といわれているような気持ちになりました。

私は、差別は受けたことがない、と自分では思ってきたのですが、保守速報の記事を読むたびに、この日本の中で、在日朝鮮人として女性として、学校でも地域でも頑張ってきたこと、私がここで生まれ育ったこと、生きていくことすら全て否定されたように感じました。すべてが土台から崩れていくような気分にもなりました。いままで、できれば感じないようにしたいと思ってきた「差別」への痛みがありましたが、その瘡蓋《かさぶた》を引きはがされるような痛みを感じます。

そして、オモニ、アボジもまた、そのような痛みに耐えて、ここで暮らしてきたのかということも、同時に感じることもありました。アボジは亡くなる数日前まで、自分が営む町工場で働いてきました。オモニも一緒にそこで働いていました。朝から晩まで油にまみれて、普通に地域に溶け込んで、誠実に暮らしてきたと思っています。そんな両親を心から尊敬しています。

私が、日本で生まれ育ってきたことは、何か間違っているのでしょうか？　いえ、決してそうではないはずです。私が、ここに生まれ育ったのは、日本の植民地支配という歴史の結果です。頭ではわかっているのですが、しかし、保守速報の記事には、「祖国に帰れ」「日本から出ていけ」という言葉がたくさん並んでおり、自分がここにいてはいけないように思えてくるのです。私は、保守速報の記事を読むたび、このような葛藤で、とても苦しい思いを抱えました。

保守速報が私についての記事を作成するときには、必ずタイトルに私の名前を入れました。私が記事を書いていた会社の社名である「サーチナ」を入れたり、私の名前を侮辱したりすることも多かったです。社名を入れることで、仕事をもらっている会社への攻撃を促すことにもなり、実際にその会社へ嫌がらせや抗議の電話をする人も少なくなかったと聞いています。その後、その会社から私にしばらく記事を書かなくてもいいという連絡がありました。一度はすぐに復帰できたのですが、その後も同様なことが続きました。ペンネームにしてはどうかともいわれましたが、断りました。その後、その会社からの仕事の依頼はなくなりました。

保守速報の記事には、「シネ」「初めて殺意がわいたわ」という文章が何度も転載されています。そんなコメントを見るたびに、保守速報の管理人も私を殺せと思っているから、きっとこれを転載しているのだな、と思い、とても傷つきました。私はその頃、保守速報の管理人がどこに住んでいるのか知りませんでした。そして、保守速報の記事に煽られた人が、いつ、どこで、どこから襲ってくるかもしれないと思ったら、さらに怖くなりました。

そのため、タクシーに乗ったとしても、もしも運転手が保守速報の記事を読んで自分のことを知っていたらどうしようと思うことも多くなりました。密室状態なので、怖いです。何かあったらすぐに誰かに連絡が取れるように、携帯を握っていました。到着する際も、自宅を知られるのが嫌で、ちょうど前で止まることができず、少し手前か通り過ぎてから車から降りていました。

夜に出かけるとき、暗い道を歩くときは、できる限り友人と一緒にいるようにしました。そのように、友人にかばってもらわなければならない自分、ひとりで行動できない状態が、とても惨めだと思いました。

そして、最近、従軍慰安婦などで韓国に反感を抱いていたという男が、朝鮮関係の金融機関に油をまいて火を付けるという事件が起きました。事件を起こした人は、ネットのまとめサイトなどのニュースで日韓関係の報道などを読んだことが、事件を起こすきっかけになったと供述している、と報道されました。

保守速報は、たくさん私の画像を添付しており、私の顔は広く知れ渡ってしまいました。それから、いつか誰かに襲われるかもしれないという気持ちは、よりいっそう強くなりました。

また、私は自分の名前が大好きで、とても大切に思っています。両親が思いを込めて名付け、愛情が詰まっているからです。その名前を侮辱することは、両親まで踏みにじられているような気がしました。さらに、民族名で生きることが、差別の対象になってしまうことも悲しく思います。

ツイッターでのリツイートやメンションは、保守速報の記事は１本あたりで少ないときで数千件、多いときで数万件以上に及んだと先ほども述べましたが、それが45回にもわたって続きました。冗談半分で、軽い気持ちでそういう行動をする人もいたと思いますが、それほどの人が自分を攻撃してくるということは非常に不安でした。その攻撃のもとになったのが保守速報の記事であり、記事の意図は「李信恵を攻撃してもいい、差別せよ」という、扇動であったとも思います。

そして、保守速報の記事に煽られて、私にメンションをする人たち、また保守速報のブログ記事にあるコメント欄に書き込む人たちは匿名なので、誰が書き込んでいるかもわからないのです。そういう人たちが私を一斉に攻撃してきていました。直接会ったことのない、まったく知らない人からたくさんの攻撃をうけると、まるで自分がこの社会に必要ないのでは、という気持ちになりました。普通に生きているだけなのに、それですら悪いことであるように思えてきました。死にたいな、と思ったことも何度もありました。けれど、そういう弱い部分を見せると、またそこを攻撃されることになると思い、ひとりで抱え込み、堪えていました。

実際に保守速報の記事では、弱い部分を見せるとすぐにそれを取りあげ「効いてる効いてる」「悔しいニダ」と笑いものにし、なぶるような書き込みを転載していました。毎日、孤独でした。在日朝鮮人でいること、女性であることが不安でなりませんでした。ネットでは、私の顔や名前は知られていても、私は自分を攻撃してくる人々の姿は見えません。電車に乗っているときには、もしも隣の人が投稿していたらと、疑心暗鬼にも陥りました。タクシーも、自宅から離れた場所で降りるようになりました。

保守速報がまとめた記事やそのコメント欄には、私のことだけでなく家族のことも多く書かれていました。「こんな母親を持っている息子はいつか自殺する」というような内容も多かったです。自分もつらいのですが、家族にもしも何かあったら、と思うと恐ろしく、心配でなりませんでした。

保守速報が私の記事を作成していた当時は法律も条例もなく、ネットでのプロバイダー等もほぼ野放し状態であり、もちろん路上でも毎週のように街宣やデモが行なわれるなど、ヘイトスピーチが吹き荒れていたころでした。なので、恐怖は今以上に切実で大きなものでした。

提訴することが被告である保守速報の管理人に伝わると、私への謝罪の言葉は一つもないまま、被告は私に対する記事を次々に削除しました。ただ一つだけ、私が保守速報を訴えることをにおわせたツイッターの投稿を基にした記事は削除せずにいました。まるで保守速報のほうが被害者であるかのような、でたらめな記事です。

代理人に対して「いってくれれば記事は消した」といいますが、削除依頼を出した信濃毎日新聞への誹謗中傷がサイトのトップページに乗っており、削除依頼をすることでまたさらし者にされる可能性があることは明白でした。

２０１４年10月30日は保守速報第一回口頭弁論の日でした。被告である保守速報側は答弁書を提出しましたが、出廷しませんでした。しかし、当日の未明に、保守速報は私に関係するまとめ記事を作成しました。被告は当日には「保守速報」というキーワードでの検索回数が増え、その分、広告収入も増える、それを見越しての記事だと思います。

これまでの私の名前を冠した記事を作成したこと、第一回口頭弁論の日の行動などを見て、何一つ反省はしていないのだろう、と思いました。

保守速報が私について書いた記事は45本あり、現在は大部分がサイト上からは削除されているとはいえ、すでに広く拡散されたこともあり、全てをネット上から消し去ることは不可能です。この先もネット上のどこかで、私がその悪意に満ちた記事を目にする可能性があります。

民族学校出身でもなく、民族団体にも所属していない私が、大人になってから自らの同胞である在日朝鮮人と出会い、ルーツについて語り合うことのできる場所がインターネットでした。当初ツイッターも、そういう場所でした。

自分の体験を語り合ったり、幼いころに食べた料理、オモニが作った食事、自分の故郷の話、法事のときに並ぶ料理について語ったり。日本語と朝鮮語が混じり合った在日語であるウリボンマルについて話が弾みました。誰かの体験を自分の思い出と重ねて懐かしく感じたり、知らない歴史を知って驚いたりすることもたびたびでした。また、現実でも実際に会い、友人となった人もたくさんいました。

しかし、現在、ネット上で自分が在日であることを公にすると、ヘイトスピーチをはじめ、様々な嫌がらせが巻き起こります。それが嫌でつらいからと、ネットから遠ざかっていった在日の友人も少なくありません。民族学級や民族学校の紹介や、在日が関係する行事の告知も、嫌がらせを恐れてできなくなりました。保守速報の記事は、私たち在日同士が出会う場所を奪う役割も果たしてきた、と思います。悲しいことに保守速報の影響力は、絶大なものでした。

友人たちと鶴橋で、在日のソウルフードである「豚足」を食べ、語らいながら飲む日常はとても安らげるものでした。しかし保守速報はそのひとときですら、「李信恵が豚足を食べるのは日本人へのヘイトスピーチだ」とのばかばかしいネット上のデマを用いて揶揄し、嫌がらせの記事に仕立て上げました。本当に、長い期間にわたって私の穏やかな日常は保守速報によって損なわれてきましたし、民族の誇りやルーツへの思いも踏みにじられてきたと思っています。

4　裁判をした理由、裁判所に求めること

最近の中高生、若者はインターネットで情報を得ます。新聞やテレビなどは見ず、ニュースを知るのはまとめサイトだとも聞きました。そのまとめサイトは、差別を扇動するもので満ち溢れています。マイノリティの子どもたちがそれを見たときにどう思うのでしょうか。

また、マジョリティの子どもにとっても、差別的なまとめサイトは差別へのハードルを下げるものであり、悪影響しかありません。子どもや女性など弱い立場の人ほど人種差別的な言動による攻撃対象になりやすく、ネット上ではなおさらです。子どもたちを被害者にも、加害者にもしてはいけない、これを何とかしたい、そう切実に思っています。

さらに、この裁判でも、保守速報が行なってきたことは民族差別であり女性差別である、複合差別であるこ

とをきちんと認めてもらいたい、と思っています。朝鮮人として女性としての尊厳を回復してくれる判決が下されるようにと願ってやみません。

裁判所が果たす役割は大きいと思います。この裁判は私だけの裁判ではなく、声を上げることさえできなかった日本社会のマイノリティの思いも背負っている、と思います。ヘイトスピーチ対策法ができ、その後も様々な差別を許さない法律ができました。ヘイトスピーチ対策法は、外国人を管理するのではなく、守る法律です。この法律ができたときに、私は初めて日本という国に守ってもらえるのだと思い、安心しました。法律や司法は、この社会に暮らす人々がより良く、人間らしく生きていけるために、心を照らし、導くためのものだと思っています。

誰もが日本に生まれて良かったと思え、安心して暮らしていける、そんな差別のない社会を作っていくための流れ、それをさらに進めるような判決を心から願っています。

支えてくれた人々

この原稿を書くために裁判を振り返って、いろんなことがあったな、と改めて思う。まだ終わってないけど。しんどかったのは、やっぱり2015年6月23日の第5回口頭弁論のときに、桜井誠氏が行なった差別街宣などの動画のＤＶＤを観たときと、2016年5月17日の桜井誠氏が出廷した第9回口頭弁論だったかな、と思う。

……そしてこれらの日の口頭弁論のときの記憶がまったくない。裁判の報告のために、裁判支援の事務局が作ってくれた裁判支援情報誌「#安寧通信」を読み、思い出してみようと思うけれど。書かれた過去と、心はまったく一致しない。ただ、DVDを見た後に過呼吸を起こして立ち上がれなくなった。裁判は、毎回がヘイトスピーチの被害の再現だ。裁判前に何度も見たものだけど、やっぱり息ができなくなり、失神しそうになった。裁判後にしばらく立てなくなってしまうほど、つらかった。

でも、声を上げることのできる自分は、まだ幸せだと思った。このつらさの陰には、声すら上げることができない、沈黙させられてきた人がたくさんいるからだ。

第5回口頭弁論が終わったあと、原告側の椅子から立ち上がれなくなって、ずっとうつむいて呼吸を整えていたら、被告側の代理人から声が上がった。人がまだ残っている傍聴席に向かって、何か話している。「傍聴席の人々が全員退席してから自分もここを出ようと思うが、残られていてはね」と、笑いながら。きっと嘘だろう、立ち上がれなくなる私の姿を見るために、残っているんじゃないの？　そう思った瞬間、傍聴席に残っていた女性が震えるような、でも力強い声で話し出した。
「立ち上がれなくなったほどの痛みを受けた李さんに、私ができるのはその傷に寄り添うことだけだ。だからここに残っている」

と、毅然と言い返してくださった。相手側の代理人は気まずい顔をして出ていったと聞いた。私はそのときの彼女に、ちゃんとありがとうって伝えられたのかな。

その後の支援者集会では、会場に到着すると支援者のみんながうつむいていた。雰囲気も暗かったので、何とか笑わせなきゃ、と思って「お通夜じゃないんだから、みんな笑顔を見せて」と話した。つらいときこそ笑顔で、といつも思っている。

ツイッター上では、自分の顔写真を使用して遺影を作られたこともある。お葬式ごっこみたいだ、ひどいなと思う。でも、そういうことをされても「イェイ！（遺影）」って寒いギャグにして、笑い飛ばす。その話をある講演会で、人材育成コンサルタントで反差別を訴える市民団体「のりこえねっと」の共同代表である辛淑《シンス》玉《ゴ》オンニにしたら、「ほんとにもう、お前ってやつは」と、苦笑していた。

そして、第9回口頭弁論の日は原告・被告ともに、本人尋問裁判の日だった。裁判所に到着すると、約300人の人々が駆けつけてくれていた。傍聴席の約3倍の人数だった。不安もあったけど、拍手で送り出されて、すごく安心できた。

相手方の代理人の質問がアホらしかったこと、桜井誠氏の尋問は、いつもの調子で私をおちょくるような、そんな感じだった。浩子オンニと、光子オンニはいつも私のことを心配していた。事務所で打ち合わせをするたびに、

「こんな尋問をして、大丈夫？」

と聞かれた。

「私は大丈夫。勝たなあかん裁判やねんから、相手方からどんなにひどい言葉が法廷で出ても、大丈夫。相手からひどい言葉を、引き出して」

みたいなことをいった。

「リンダちゃんは、大丈夫じゃないときに『大丈夫』っていうから心配なの」

と、浩子オンニはいつもいっていた。

光子オンニは、うつむいたまま。

「光子オンニ！　寝てんの」

と、ふざけたことをいったら、光子オンニは黙って泣いていた。私は今でも、二人の代理人に、ありがとうと思う気持ちとともに、

「こんなしんどい裁判に付き合わせてごめんなさい」

と思っている。だからこそ、勝たなければと思っていた。恩返しというとおかしいかもだけど、「最高の判例を」と。


当日の支援者集会では、反人種差別の運動をしてきたフリー編集者の野間易通さんにスピーチしてもらった。とても熱いメッセージで、この裁判のことを最初に相談して本当に良かった、と今でも思っている。

提訴したときの記者会見では、男性の友人たちも同席してくれた。辛淑玉オンニは、「日本人の、男の友人がいるってすごい。お前は幸せだ」って話していた。性別を問わず、いつも多くの人に支えてもらっている。格好いい友だちが多いのが自慢だ。全国各地やソウルからもみんなが駆けつけてくれた。ほんまに嬉しかった。いつも、多くの人が来てくれていたけど、私はみんなに、ちゃんとお返しができるのかな、と思っている。みんなの姿を見るたびに、ほっとしていた。

法務省人権擁護局は２０１５年12月22日、東京都小平市の朝鮮大学校前でヘイトスピーチを行なったとして、

桜井氏に対し、今後同様の行為を行なわないよう文書で勧告した。4年かかったが、あの日に涙を浮かべていた朝鮮大学校の先生や、その場にいた多くの人々、朝鮮学校に関わる人たちの痛みが少しでも救われたかな、と思う。続いて12月30日にはツイッター社がルールを改正し、人種や性的指向へのヘイト行為や脅迫行為など、禁止事項を詳細にすると明らかにした。

年が明けて2016年1月15日には、大阪市議会が「大阪市ヘイトスピーチへの対処に関する条例」を可決した。5月24日に「本邦外出身者に対する不当な差別的言動の解消に向けた取組の推進に関する法律」、いわゆるヘイトスピーチ対策法が、衆参両院の議決を経て成立。この国で外国人を守る法律が、初めて生まれた。また、5月31日には川崎市がヘイト団体の公園の使用について、不許可処分を発表。川崎の友人と、涙を流しながら喜んだ。社会が大きく変化していることを、毎日のように感じていた。

そして、6月3日にヘイトスピーチ対策法が施行された。ヘイトスピーチが激化してからわずか3年で、法律ができたなんって、夢みたいだ。

裁判を起こそうと思ったとき、こんな裁判をするのは自分が最初で最後になればいい、と思っていた。そして今、外国人を管理する法じゃなく、守る法ができた。自分が生まれた国で初めてできた。本当に嬉しい。もちろん、この法律は完璧じゃない。生まれたての赤ちゃんのような法律で、危なっかしいし足りないところがいっぱいだ。私のような被害が二度と起こらないように、この法律をみんなで育てて行きたい。

裁判の途中で悲しい出来事もあった。2017年1月の初め、舞踊の恩師である姜輝鮮《カンフィソン》ソンセンニム（先生）が突然、旅立たれた。

２０１６年9月の対在特会との地裁判決には、黒のチョゴリで向かった。これまた神戸のデザイナーさんにお願いしたもので、彼女は朝鮮舞踊の衣装や、練習着も作っていた。私が尊敬して大好きな舞踊家の姜輝鮮ソンセンニムは、いつも黒の練習着だった。なんとなく、ソンセンニムのイメージをいただいて「判決の日には練習着の生地で、黒で」と彼女にお願いした。

ソンセンニムは、いつも背筋が伸びて。ほんまに綺麗だった。優しかったけど、レッスンはめちゃくちゃ厳しかった。自分の人生の中で、逆らえなかったただ一人の人かもしれない。それほど怖かった。でも、私がレッスンに飛び飛びに来るたびに、「裁判で大変なのは知っている。でも、あなたは踊るときは輝いているから。せめて、裁判がつらいなら心を休めるために踊りに来なさい」、そして「来週も待っているからね」とウインクしてくれた。「裁判より、レッスンのほうが厳しいやんけ！」という日ももちろん多かったのだが。

地裁判決の後のレッスンで、「ソンセンニムのイメージで地裁判決のチョゴリを作ってもらってん」というと、裁判後の記者会見を「テレビで見たけど、舞台と一緒でしょ。笑顔もないし、表情も硬いし。それがわたしの教え？」と怒られたのだった。「背筋はソンセンニムみたいにちゃんと伸びてたもん」というと、「アイゴ（まあ）！　信恵は口答えだけは一人前や」と笑っていた。

その秋に「ミナミダイバーシティフェスティバル」があった際、ソンセンニムの隣で「姜輝鮮舞踊研究所」の舞台をずっと見つめていた。ソンセンニムは、舞台を、弟子を見詰めていたが、いつもソンセンニムの視線の先には、朝鮮半島の「統一」という未来があったように思う。

「朝鮮舞踊は、歩くことが大切。地面をつかむように、かみしめるように歩くこと」

ソンセンニムは、いつもそう話していた。裁判も、根を張るように。地面をつかむように、歩くように最後まで頑張りたい、と思った。一番、舞踊がへたくそだった弟子なので。せめて闘うことでソンセンニムにいつか褒められたい。それから、年末にごあいさつに行ったのが最後になった。

「裁判に勝ったあと、全てが終わったあとに。祝勝会でソンセンニム、踊ってね」とお願いしたけど、その夢はもうかなわない。また、この年の5月3日には平和活動家の泥憲和《どろのりかず》さんも永眠された。泥さんは元自衛官という立場から安保法案に反対し、ヘイトスピーチに反対するカウンター活動でも初期から一人でレイシストと対峙するなど、パイオニア的な存在だった。病と闘いながらも、最後まで路上に立ち続けた姿が、今も目に焼き付いている。尊敬する大先輩だった。

２０１６年8月の地裁判決を前にしたある日、友人からこれまで路上やネットで差別してきた人が改心し、私に謝罪したいといっている、と聞いた。

私は、「どうしたらいいんだろう?」としばらく考え、そして手紙を書くことにした。裁判することは、誰かを制裁したいのではなく、ただ、差別がこの社会から無くなればいい、という思いから。「差別を憎んでも、人は憎みたくない」、強がりかもしれないけれど、今もずっとそう思っている。

女性差別と民族差別を認め、マイノリティの未来のため、そして社会のために。また一歩踏み込んだ判決を願いながら、まだ出会えていない誰かにもこの手紙が届くことを祈りながら書いた。

こんにちは。

あなたが私に謝罪したいと話されていると聞いて、すごく驚きました。最初は心から反省しているなら、謝罪を受け入れ、許すべきなのかな、と思いました。けれど、簡単に許すことが本当にあなたのためになるのか、このまま受け入れていいのかな？　とも思い、しばらく考えていました。

ずいぶんひどいこと、ツイッターでも路上でもあなたからいわれていたようですね。読み返して、苦笑いしています。今でこそ笑えますが、ヘイトスピーチをぶつけられるたびに、ひとりで何度も泣きました。とてもつらかったです。もちろん、いまでも悲しいです。

でも、お互いにこれからの人生のほうが長いから。人には、誰でも間違いがあります。あなたが差別したことを後悔しているなら、これから違う生き方をするなら、そのほうがずっといいと思います。

せっかく縁があって、私たちは路上やネットで出会いました。クソみたいな（柄が悪くてすいません）縁でも、せっかくこの世界で生まれて出会っちゃったんだから、その縁を生きている限りは大切にし、育てて行きたい、と思っています。

川崎に、崔江以子《チェカンイジャ》さんという在日の女性がいます。彼女はヘイトデモの主催者である津崎尚道さんに手紙を書き「出会い直しましょう」と伝えました。私も、あなたと出会い直せるなら、そうしたいと思っています。

それから、私は在日の代表でも、カウンターの代表でもない、ただの普通の在日のおばちゃんです。私の考えと違う人もたくさんいると思います。あなたは、在日はもちろん、差別を許さない日本人など、たくさんの人の尊厳を踏みにじり、傷つけ、暴力も振るいました。

その人たちの思いや悔しさ、悲しさ、痛みをどう受け止めて償っていくかは、あなたのこれからの生き方にかかっていると思います。まずは、しっかりと罪を償ってください。

私はあなたが謝罪されたい、という気持ちを聞きました。やっぱり、謝罪を受け入れて許すというのはちょっと違うと思います。ヘイトスピーチの被害者がこんなことをいうのはおかしいかもしれませんが、私はあなたを許す代わりに、二度とあなたがヘイトスピーチをせずに、誰かを差別せずとも幸せに生きられるように応援し、そして見守っていきたいと思っています。

これからも一緒に生きましょう。

李信恵拝

２０１７年11月16日、対保守速報との裁判の地裁判決が出た。勝訴した。「大丈夫、勝つ！」と、自分に言い聞かせていたものの、判決が出るまでは不安もあった。ひとまず、良かった。日を重ねるごとに、じわじわとその喜びを感じている。ずっと応援してくださったみんな、裁判支援の事務局のスタッフ、代理人の大杉光子オンニと上瀧浩子オンニ。そしてカウンターの人たち。この勝利は、共に差別と闘ってきたみんなの勝利だと思っている。本当にありがとう。

裁判が始まった直後、最初の支援者集会で、民族学級で講師をしていたときの先輩であり、今もずっと民族講師をされているCオンニから話があった。民族学級の授業や行事、子どもたちがチョゴリを着てはにかむ写真。それらを民族教育に関わる人たちや保護者などがブログなどにアップしたところ、いつのころからか2ちゃんねるやまとめサイトなどに転載され、そこに誹謗中傷が書きこまれるようになった。多くの被害者は二次被害を恐れ、ブログを閉鎖し、悔しさを噛みしめながらも泣き寝入りせざるを得なかった。

自分もネットやまとめサイトで被害にあった。その回復はもちろん、自分が訴えることで、在日をはじめ、外国にルーツのある子どもたちが民族教育をのびのびと受けられる、それを安心してネット上でも発信できる社会を取り戻したい、という思いもあった。

また、今回の判決では、保守速報の発信が、人種差別や女性差別の「複合差別」であることが、対在特会との高裁判決に続いて認められた。さらに、これらのまとめが人種差別や女性差別、日本の地域社会からの排除を扇動したこと、すなわちヘイトスピーチであることを理由として、「名誉感情、生活の平穏及び女性としての尊厳を害した程度は甚だしい」とした。この判決が、マイノリティの生活の平穏と尊厳が守られる、そんな社会への第一歩になればと願っている。

そして、同年11月29日付で、最高裁は在特会と桜井誠元会長との裁判について、上告不受理の決定をした。勝訴が、確定した。

２０１８年６月28日、「保守速報」との裁判の控訴審判決が言い渡され、今回も勝訴した。支援してくださったみんな、裁判支援の事務局の人たち、代理人の大杉光子オンニと上瀧浩子オンニのおかげだと思っている。地裁判決をさらに深めた判決で、とても嬉しい。判決後、集まったみんなが笑顔でお祝いをしてくれた。みんなのこの笑顔や思いに支えられて、闘うことができた。この4年間のことを思い出して、いっぱい笑ったし、そして泣いた。勝利のバトンを、いつか誰かに渡せるように。これからも頑張ろうと思う。

チョンマルコマッスミダ（本当にありがとう）。

第2部

法廷からみる
複合差別・ヘイトスピーチ

上瀧　浩子

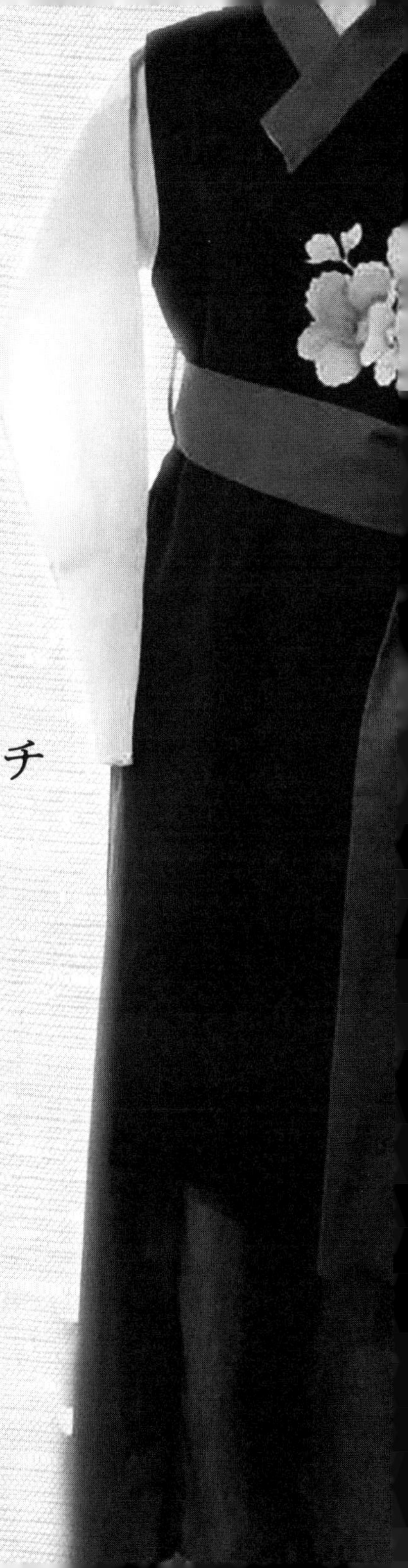

第4章

ヘイトスピーチとはなにか

ヘイトスピーチという言葉

ヘイトスピーチという言葉を初めて知ったのは、京都朝鮮第一初級学校襲撃事件（以下「京都朝鮮学校襲撃事件」という）の準備書面を書いている途中だった。京都朝鮮学校襲撃事件は、２００９年から２０１０年にかけて3回にわたり、「在日特権を許さない市民の会」（以下、「在特会」という）らが京都朝鮮第一初級学校を襲撃した事件である。

襲撃事件当時、京都朝鮮第一初級学校には校庭がなく、学校の向かいにある京都市の設置する勧進橋児童公園を校庭代わりに使用していた。在特会らは、これに目をつけた。彼らは、朝鮮第一初級学校が勧進橋児童公園を不法占拠しているという口実を見つけたのだ。

第1回目の襲撃は、２００９年12月4日である。このときは数人の在特会のメンバーと「主権回復を目指す会」

が勧進橋児童公園から朝鮮学校を追い出すという名目で、学校の正面玄関に向かってトラメガなどで罵声を浴びせた。児童・園児の昼休みが終わろうとしていた時間帯である。これから約1時間、彼らは、児童・園児のいる学校に向かって、「スパイの子」「端のほう、あるいとったらええんじゃ最初から」「これは侵略行為なんですよ、北朝鮮による」「こいつら、密入国の子孫」「キムチくさい」「約束というのはね、人間同士がするものなんですよ。人間と朝鮮人では約束は成立しません」「日本に住ましてやってんねや。な。法律守れ」などトラメガを使い大声で罵声を浴びせ続けた。また、彼らはこのとき京都第一初級学校が児童公園に設置していたスピーカーを切断するなどの器物損壊にあたる行為もしていた。

第2回目の襲撃事件は、２０１０年1月14日である。これより前、インターネット上では、学校の向かいにある勧進橋児童公園に集合して、そこから学校の近くにある公園までデモを行なうとの告知がされた。

告知を見た学校関係者は、子どもらに二度と差別的な言葉を聞かせたくないと考え、この日の授業を課外授業に振り替えることにした。校舎で通常の授業を行なえなかったのである。デモが終わっても学校周辺にデモ参加者がたむろしており、京都朝鮮第一初級学校は、それを警戒する警察車両で囲まれた。子どもたちは、校舎に警察車両の赤色灯が回る中を、課外授業から学校に戻った。

最後の襲撃事件は、２０１０年3月28日、学校は春休み期間中だった。この日は、学校の近くにある公園に集合して、勧進橋児童公園を解散場所にしたヘイトデモがインターネット上で告知されていた。このとき、学校の経営母体である京都朝鮮学園は、裁判所に学校の周辺２００メートル以内での街宣禁止の仮処分を申し立て、すでに決定がおりていた。それにもかかわらず、デモは１００メートルまで学校に近づいて、このデモに反対する地元住民らと小競り合いが生じたため解散となった。また、この日には、在特会らによる差別に反対する集会が円山公園の野外音楽堂で開催されていたことから、在特会らは二手にデモを分け、朝鮮学校周辺の他、四条河原町にもデモを配備した。

これらの行為を不法行為として損害賠償を請求しようとすると、まず、名誉毀損や器物損壊、業務妨害が考えられる。器物損壊や業務妨害はもちろん個人の権利侵害だが、名誉毀損も個人の名誉を毀損することが不法行為の要件となっている。だから、不法行為を立証するには学校の名誉を毀損した、つまり社会的評価を低下させたということが必要になる。「朝鮮人は日本から出ていけ」「キムチくさい」「ゴキブリ、ウジ虫、朝鮮半島へ帰れ」など、朝鮮人一般を標的にする言葉が学校の社会的評価を低下させるとはいえない。また確かに、襲撃事件は、公園に設置しているスピーカーを切断するなどの器物損害や、学校の業務を妨害する側面があった。しかし、むしろ襲撃した者の目的は、朝鮮人に対する差別的な罵倒や排外的な言葉、「日本から出ていけ」という言葉を在日韓国・朝鮮人当事者に聞かせることと、この発言をインターネットで拡散して自分たちの排外的な主張を社会に広く知らしめることにあったのである。彼らは、襲撃の動画をインターネットに載せて配信することも最初から予定として組み込んでいた。彼らにとっては、朝鮮学校を襲撃することはパフォーマンスであり、結果的に業務妨害をしていることや、器物損壊をしたことは、そこに付随するものでしかなかったと思う。

事件の本体は、「言葉の暴力」で在日韓国・朝鮮人に対して打撃を与え差別を扇動することにあった。これをどのような不法行為として構成するか。直接、学校へ言及した部分は、名誉毀損で不法行為責任を問える。しかし、「朝鮮人は」という個人を指し示すのではない「一般的」な言葉をどう不法行為に反映させるのか。

準備書面を書いていた当時、私が知っていた言葉は、「けんか言葉」と「ヘイトクライム」と「差別的言論」であった。

「けんか言葉」は、けんかを売るような言葉のことであるが、「けんか」という言葉には前提として対等の人間関係というニュアンスがある。しかし、むしろ、在日韓国・朝鮮人と日本人との非対称な関係の中で一方的に罵倒され続けたのが、この事件の本質だったと思う。また、けんかということばは物理的暴力という行為を予測させる点で、言葉そのものの暴力性は後退している。ヘイトクライムは、「クライム」という言葉が示すように犯罪であり犯罪が行なわれた場合に、その動機を民族差別に求めるものであろう。しかし、「クライム」という犯罪を中心とし、やはり言葉自体の暴力性は後退している印象がある。そして、第1回目の襲撃には、業務妨害、器物損壊という犯罪があった。しかし、第2回目、第3回目のデモ、朝鮮学校から離れた四条河原町でのデモには、犯罪が成立するのか、仮に犯罪が成立しなくても、言葉自体の暴力性を損害賠償の根拠としなければならない。また、「差別的言論」という言葉は、トイレの落書きまでを含んだ広い観念のイメージがあり、このデモの中核を捉えきれていないように思った。

そのため、言葉を探しながら、「ヘイトクライム」で文献を検索していたが、思うような記述が見当たらなかった。探しあぐねて、「ヘイト」で検索したときに「ヘイトスピーチ」という言葉がヒットした。小谷順子氏、梶原健祐氏、長峯信彦氏、奈須祐治氏、桧垣伸次氏らの論文である。これらの論文は主としてアメリカの判例を題材としていた。そして、多くの論文がヘイトスピーチの害悪を紹介していた。

これらの論文がヘイトスピーチの害悪としてあげていたのは、個人の尊厳を踏みにじるものであること、言葉による打撃は殴られたと同様「即時的」なものであること、沈黙効果があり、差別社会を再生産することなどである。これらの害悪は、朝鮮学校襲撃事件にもよくあてはまった。

まず、ヘイトスピーチが、個人の尊厳を踏みにじることは当然である。桧垣伸次氏は、「日本国憲法は個人の尊重を基本理念としており、また平等の理念は、『人権の歴史において、自由とともに、個人尊重の思想に由来し、常に最高の目的とされてきた』ものである。そして、人種は、個人の人格的価値を決定するものではないゆえに、人種による差別が近代的平等思想と相容れないことは明らかである。人種等を理由としない名誉毀損や侮辱などとは異なり、ヘイト・スピーチは『厳然とした〝力の差異〟のある関係の中で行われてきた』ものであり、その力関係を維持・強化させる。それゆえ、犠牲者の真の人間性を否定するものであり、犠牲者に深い傷を与える」[2]と述べる。

まず、ヘイトスピーチでうける打撃は「顔面に平手打ちを食らうようなものだ」ということ。

それは「相手に応酬する言葉を発する余裕など一切ないほど、即効性のある痛みだという」。即効性の痛みという言葉で思い当たったのは、襲撃当時オモニ会の会長だった朴貞任《パクチョンイム》さんの言葉である。彼女は電話で第一報を聞いたあと学校に入ったとき「知らせを聞いて集まったたくさんの父兄や卒業生たちが意気揚々と怒りにみなぎっているのかと思いきや、一様にうなだれて、起こってしまった現実にどう対処したものかわからない、思考がついていかない、というような状態で、ぼう然としていました。寒く冷え切った皆さんに、私は結局何もできず、泣きながらお茶を配っていました」[3]という。

また、差別社会の再生産ということも、その通りであろう。排外主義のデモや街宣が起こる前でも、インターネットの中で排外的な主張を繰り返す匿名の人たちは大勢いた。それまでは、差別はこそこそとするものだったのである。しかし、顔と名前を公にして白昼堂々と、デモ行進や街頭宣伝で「朝鮮人は出ていけ」などと叫ぶ者の存在自体が、表だって民族差別をしてもいいのだというメタメッセージを社会に発している。これは、社会にうっすらとある偏見や差別意識を再生産したり、結晶化する作用がある。ヘイトデモや街宣を放置することは、社会の差別に対するハードルを下げ、偏見と差別を深く広く浸透させる契機になるのではないかと思われた。

沈黙効果とは、ヘイトスピーチにさらされた当事者が、これに抵抗すれば、より酷い攻撃を受けたり、そもそも差別社会においては自分たちの抗議が非常に軽く扱われたりすることを恐れて抵抗せずに黙るという傾向があるというものだ。襲撃事件のあと、学校関係者が対策を話し合ったときには、在特会らに対抗すれば、さらに攻撃を誘発することになるかもしれないという意見もあったと聞く。[4] これは、まさに沈黙効果であろう。また、真剣な告発を揶揄的に受け止められるというのは、女性ならば頻繁に経験する。セクシャルハラスメントを受けた女性からの真剣な抗議に対して、「冗談だよ、何ムキになっているの」、「本気でオマエなんか相手すると思ってるのか」などの返しが行なわれることはよくある。このようなことが続くと抗議しても空しくなり、黙ってセクハラをやり過ごすことになるのだ。女性差別と民族差別は異なる面もあるが、私は差別的な行為を受けた当事者が抗議をしたときに、その抗議が意味ないものとして軽く扱われることは同じだと考えた。そして、沈黙効果は、「マイノリティーによる表現の音を消し、あるいはその価値を減じることによって思想の自由市場を歪める。言葉や思想は思想の自由市場で売れなくなり、白人によって提供されれば多くの人々によって支持される思想は、それを提供する人がマイノリティー集団に属するときには、拒絶されてしまうか、あるいはあまり信用されないであろうと言うのである」、「人種差別的表現は標的である集団のメンバーを沈黙させることによって市場に届く表現の総量を減じる」[5]（奈須祐治氏）という意味で社会に対する害悪として位置づけられる。

私は、ヘイトスピーチの害悪としていくつかの論文に書かれていたことと、襲撃事件を経た当事者の体験の聞き取りとは相当程度重なると思った。そして、襲撃事件はヘイトスピーチだと結論づけた。奈須論文は、マリ・J・マツダが掲げた人種差別的表現の特徴を紹介していたが、それをそのまま、準備書面に書いた。「1．メッセージが人種の劣等性を伝えるものであること。２．メッセージが歴史的に抑圧された集団に向けられていること。３．メッセージが迫害するような憎悪に満ちたものであり､品位を下げるようなものであること｣[6]である。準備書面には、その後、朝鮮学校襲撃事件弁護団の一人である冨増四季弁護士が、「ヘイトスピーチの害悪を判断するために最も重要なことは当事者の声を聞くことである」[7]との内容を付け加え、裁判所に提出した。

朝鮮学校は、民族の言葉、歴史、文化を学ぶことを通して朝鮮人としてのアイデンティティの涵養を目的としているが、ヘイトスピーチにより、その教育目的自体が損傷を受ける。そのため、弁護団は、ヘイトスピーチにより侵害される利益として民族教育権を前面に掲げたのである。

その後、２０１３年2月、市民が在特会らのヘイトスピーチデモやヘイトスピーチの街頭宣伝に抗議をし始めた。カウンターと呼ばれる人たちである。これに伴い、「ヘイトスピーチ」という言葉が、社会的に認知されることとなる。朝鮮学校襲撃事件裁判は、「ヘイトスピーチ裁判」と呼ばれ、２０１３年には、「ヘイトスピーチ」が流行語大賞の候補となったが、これに対する学校関係者の思いは複雑であった。私は、流行語大賞の件に対して複雑な思いを抱くのは当然だと思ったが、「ヘイトスピーチ裁判」と呼ばれることへの違和感はよくわからなかった。それは、後々、朝鮮学校の関係者や李信恵さんへの聞き取りを通して理解ができるようになった。被害当事者にとって裁判は、ヘイトスピーチの害悪を問うのではなく、尊厳の回復のためのものなのだ。

朝鮮学校襲撃事件は、２０１３年10月7日、京都地裁で判決が言い渡され、在特会らに対しては、約１２２６万円の損害賠償と学校周辺半径２００メートル以内での街宣の禁止が命じられた。

京都地裁は、「人種差別撤廃条約2条1項は、締結国に対し、人種差別を禁止し終了させる措置を求めているし、人種差別撤廃条約６条は、締結国に対し、裁判所を通じて、人種差別に対する効果的な救済措置を確保するよう求めている。これらは、締結国に対し、国家として国際法上の義務を負わせるというにとどまらず、締結国の裁判所に対し、その名宛人として直接に義務を負わせる規定である」として、「わが国の裁判所は、人種差別撤廃条約上、法律を同条約の定めに適合するように解釈する責務を負う」、「無形損害に対する賠償額は、行為の違法性の程度や被害の深刻さを考慮して、裁判所がその裁量によって定めるべきものであるが、人種差別行為による無形損害が発生した場合、人種差別撤廃条約2条1項及び6条により、加害者に対し支払を命ずる賠償額は、人種差別行為に対する効果的な保護及び救済措置となるような額を定めなければならない」と述べ、国連人種差別撤廃条約違反の行為を回復するために裁判所が積極的な役割を担うことを認めた。この判決は、裁判所が、人種差別撤廃条約上、人種差別行為に対する保護や救済をするべき義務を負うとした点で、画期的であった。そして、この判決は、在特会らが行なった名誉毀損行為などは人種差別と「織り交ぜて」なされたとしており、全体として人種差別撤廃条約に定める人種差別に当たると結論づけた。

一方、この判決は、朝鮮学校の民族教育権については触れていない。しかし、ヘイトスピーチが民族的出自を攻撃する以上、差別を受けた側の被侵害利益はどのようなものかは明らかにする必要があったのではないか。ぼんやりとした人種差別一般ではなく、彼らが攻撃の対象としたのは、在日朝鮮人の民族教育であった。

２０１４年7月8日、大阪高裁判決も一審判決を維持し、在特会らの控訴を棄却した。この判決では、京都地裁が認めた、裁判所は人種差別撤廃条約上、人種差別行為を救済するべき義務を負うという部分は削除された。

その代わり採用したのは、人種差別撤廃条約は、民法の一般規定を通してその趣旨が実現されるべきという間接適用説である。判決は、人種差別撤廃条約の趣旨は、「民法７０９条等の個別の規定の解釈適用を通じて、他の憲法原理や私的自治の原則との調和を図りながら実現されるべきものである」とした。「一般に私人の表現行為は憲法21条1項の表現の自由として保障されるものであるが、私人間において一定の集団に属する者の全体に対する人種差別的な発言が行われた場合には、上記発言が、憲法13条、14条1項や人種差別撤廃条約の趣旨に照らし、合理的理由を欠き、社会的に許容し得る範囲を超えて、他人の法的利益を侵害すると認められるときは、民法709条にいう『他人の権利又は法律上保護される利益を侵害した』との要件を満たす」とした。ただし、裁判所は、「例えば、一定の集団に属する者の全体に対する人種差別発言が行われた場合に、個人に具体的な損害が生じていないにもかかわらず、人種差別行為がされたというだけで、裁判所が、当該行為を民法709条の不法行為に該当するものと解釈し、行為者に対し、一定の集団に属する者への賠償金の支払を命じるようなことは、不法行為に関する民法の解釈を逸脱しているといわざるを得ず、新たな立法なしに行うことはできないもの」としており、あくまでも個人の「具体的損害」が発生していることが必要であると述べる。

「朝鮮人一般」に対する人種差別が朝鮮人という属性を持つ人たちにとって個人の具体的損害にならないというのは、差別される側の実感とは離れている。李信恵さんをはじめ在日韓国・朝鮮人の人たちは、「朝鮮人」と言われたときに、自分もその中に入っているのだという意識を強く持つからだ。しかし、現行法の建前では、「朝鮮人は」という言い方は「大阪人は」や「女性は」と同様に被害が希釈化されるという考え方が一般的である。

この現行法の建て前を崩さず人種差別に対して法的対応をとるためには、新たな立法が必要だと考える所以だ。

ヘイトスピーチについて

２０１６年6月には、日本においても「本邦外出身者に対する不当な差別的言動の解消に向けた取組の推進に関する法律」、いわゆるヘイトスピーチ対策法（差別的言動解消法、ヘイトスピーチ解消法ともいう）が施行された。ここでのヘイトスピーチは、「専ら本邦の域外にある国若しくは地域の出身である者又はその子孫であって適法に居住するもの（以下この条において「本邦外出身者」という）に対する差別的意識を助長し又は誘発する目的で公然とその生命、身体、自由、名誉若しくは財産に危害を加える旨を告知し又は本邦外出身者を著しく侮蔑するなど、本邦の域外にある国又は地域の出身であることを理由として、本邦外出身者を地域社会から排除することを煽動する不当な差別的言動をいう」となっている。そして、法務省人権擁護局内のヘイトスピーチ対策プロジェクトチームの作成した『『本邦外出身者に対する不当な差別的言動の解消に向けた取組の推進に関する法律』に係る参考情報」には、ヘイトスピーチの具体例を記載している。「○○人は殺せ」、「○○人は祖国へ帰れ」、「○○人は強制送還すべき」は典型的なヘイトスピーチだが、例えば「○○人は全員犯罪者だから、日本から出て行け」、「○○人は日本を敵視しているのだから、出ていくべきだ」など条件や理由がついていても、それらが意味をなさず、外国人を排除、排斥する趣旨のものも、やはり、ヘイトスピーチに当たるとしている。

もちろん、本邦外出身者とその子孫に当たらない人に対するものでも、人種差別撤廃条約上ではヘイトスピーチの対象になる。人種差別撤廃条約は、「人種差別」とは、「人種、皮膚の色、世系又は民族的若しくは種族的出身に基づくあらゆる区別、排除、制限又は優先であって、政治的、経済的、社会的、文化的その他のあらゆる公的生活の分野における平等の立場での人権及び基本的自由を認識し、享有し又は行使することを妨げ又は害する目的又は効果を有するものをいう」と定義している。また、「締約国は一の人種の優越性若しくは一の皮膚の色若しくは種族的出身の人の集団の優越性の思想若しくは理論に基づくあらゆる宣伝及び団体又は人種的憎悪及び人種差別（形態のいかんを問わない。）を正当化し若しくは助長することを企てるあらゆる宣伝及び団体を非難し、また、このような差別のあらゆる扇動又は行為を根絶することを目的とする迅速かつ積極的な措置をとることを約束する」としており、一見してヘイトスピーチ対策法よりも対象が広いことがわかる。また、「ヘイト」は、「憎悪」と訳されるが、そこでは、人種的・民族的憎悪だけでなく、宗教や性におけるマイノリティへの憎悪も含んでいる。どれも歴史的、構造的に差別されてきたマイノリティへの「憎悪」である（ただし、ここでは、民族的憎悪に限定をしている）。

ヘイトスピーチ対策法は、日本で初めて外国人の権利保護を明記したものであり、この法律ができた背景には、日本国内でのヘイトスピーチがもはや看過できない状況にあったことを示している。

ヘイトスピーチの背景——時代の雰囲気を作り上げるもの

人は社会関係の総和だから、私たちアンチヘイトの立場と、ヘイトスピーチをする人たちも、違った時代と地域を生きているのではない以上、共通の価値観が見いだせるはずである。それは、一つは、自分たちの意見が正当に代表されるべきであるという民主主義に根ざした価値観であり、もう一つは差別はしてはいけないという価値観だと考える。

前者でいえば、ヘイトスピーチをする者には、自分たちの意見が政治に反映されないことへの不満がある。在特会元会長は、現在、日本第一党を設立し、その意見を国政や地方政治に反映させるという方法を採り始めている。その前提[8]には、まず、自分たちの意見が政治に反映されてしかるべきであるという考えがある。この考え方は、民主主義が進展した結果獲得された意識である。そして、自分たちの意見は政治に反映されるべきだが、それにもかかわらず自分たちの意見が正当に代表されていないという不全感が出てくる。

このときに、どういう主張が人々をとらえるのか。２０１１年3月11日の原発事故をきっかけとして反原発運動、秘密保護法反対運動、安保法制反対運動には、多くの市民が参加した。これらの運動も、自分たちの意見は政治に反映されるべきなのに、正当に代表されていないという不全感がある。これが、首都圏反原発市民連合やＳＥＡＬＤｓの誕生などに代表されるように、より民主主義や人権を推し進める形で表出する場合もある。一方、同時に排外主義を標榜する形で表出する場合もある。いずれにしても、自分たちの意見が正当に政治に反映されるべきであるという意識が前提となっている。これは、歴史的にも繰り返されてきた事象のようにも思える。ワイマール憲法下で市民の要求を吸合化する形でファシズムが席巻したこと、日本でも大正デモクラシーの直後からファシズムが出てきたことは、偶然ではないと考える。歴史の一定の社会構造の中からは、類似の意識や組織が形成されるということでもある。同時代的な社会意識は右の全体主義とともに、同時に左の全体主義を生み出した。反原発を始めとする運動が民主主義の果実だとすれば、在特会らの主張する排外主義は、民主主義の鬼子である。

もう一つは、後で述べる現代的レイシズムに関わる。

社会に満ちている排外主義的な意識

排外主義はどのような人たちを捉えるのか。樋口直人氏は、『日本型排外主義――在特会・外国人参政権・東アジア地政学』[9]で、排外主義運動に入っていく人たちは、もともとあった保守的な傾向を増幅するかたちで排外主義運動に誘引されるという。「もともとあった保守的な傾向」がどのようにつくられてきたのかについて、樋口氏は聞き取りに基づき詳細な分析をしている。

そして、「もともとあった保守的な傾向」は、すでにある排外主義的な社会意識と出会う。その排外主義的な社会意識はどのようにして社会に蓄積されたのか。

その一つは、歴史的背景である。

大日本帝国は、1910年、日韓併合条約を締結、朝鮮半島を植民地とした。遅れた民族を近代化するという正当化がなされることは植民地支配の常である。植民地であるがゆえの構造的差別を基礎として、朝鮮半島にいる朝鮮人と、日本にいる朝鮮半島出身者に対する蔑視はこのときから連綿と続いてきたといえる。ダーバン宣言が述べるように、「14　植民地主義が人種主義、人種差別、外国人排斥および関連のある不寛容をもたらし、アフリカ人とアフリカ系人民、アジア人とアジア系人民、および先住民族は植民地主義の被害者であったし、いまなおその帰結の被害者であり続けている」[10]のである。

日本が1945年、ポツダム宣言を受諾したことにより朝鮮半島は植民地支配から解放された。この後、多くの韓国・朝鮮人が帰国したが、60万あまりの人たちが日本に在留したままであった。日本政府は、一貫して日本に残った在日韓国・朝鮮人に対する差別政策を行なってきた。1947年、最後の勅令207号（外国人登録令）が公布され、「台湾人のうち内務大臣の定めるもの及び朝鮮人は、この勅令の適用については、当分の間、これを外国人とみなす」として、これらの人たちを日本国籍を持っているにもかかわらず、外国人として処遇し、参政権の剥奪、民族教育の否定などの施策をした。[11] そして、サンフランシスコ平和条約発効直前に旧植民地出身者の日本国籍を民事甲第438号法務府民事局長通達「平和条約に伴う朝鮮人、台湾人等に関する国籍及び戸籍事務の処理について（通達）」により剥奪した。また、「外国人」であることを理由として各種の社会保障制度から排除してきた。これらの社会的背景を前提として、朝鮮人蔑視と就職差別、入居差別、結婚差別などがあった。

次に、歴史認識に関わる問題である。

1993年、政府はいわゆる日本軍「慰安婦」問題に関して「慰安婦関係調査結果発表に関する河野内閣官房長官談話」（いわゆる「河野談話」）を発表した。また、1995年には「戦後50周年の終戦記念日にあたって」という、いわゆる村山談話を発表した。これらは日本が戦前の植民地支配の下で行なった行為に対する責任を認めたものであった。これらへの反動として、歴史修正主義が台頭する。

1996年には、従来の歴史教科書は「自虐史観」に陥っているとして「新しい歴史教科書を作る会」が発足し、また、自民党内には「日本の前途と歴史教育を考える若手議員の会」もできた。これらの歴史観は、「市民運動」の形をとって広範な市民を巻き込むことに成功し、同時に右派論壇がキャンペーンを張った。樋口氏は、歴史認識で右派論壇と韓国は敵対しており、右派論壇と排外主義運動の接点がここにあるとする。[12] 右派論壇と敵対する韓国に対する反発や、朝鮮民主主義人民共和国のミサイル発射、核開発、日本人拉致事件等の政治問題が、在日韓国・朝鮮人への反発や差別と結びついた。

植民地時代から続き今も払拭されていない在日韓国・朝鮮人への偏見と大韓民国、朝鮮民主主義人民共和国に対する反感は、排外主義的な社会意識として広く社会に蓄積・浸透していた。

もともと保守的イデオロギーを持つ人たちの周辺には、民族差別へ結びつく社会意識が「整って」おり、それは、家庭や地域社会の中で個人を取り巻く環境として存在したのである。

インターネットで発見する「真実」——排外主義へのきっかけ

それでは、「もともとあった保守的な傾向」はどのようなきっかけで排外主義へ導かれるのか、これについても、樋口氏が詳細に聞き取りと分析をしている。植民地支配下からの蔑視、大韓民国の日本軍「慰安婦」問題、日韓ワールドカップでの韓国人サポーターの振るまい、朝鮮民主主義人民共和国の拉致事件などにより、社会の中には在日韓国・朝鮮人へのうっすらとした偏見が蔓延している。この偏見を持っている人、保守的イデオロギーを持った人たちと、既存のメディアとのギャップは大きい。

このギャップを埋めたものがサブカルチャーとされるマンガやインターネットの情報である。[13]

樋口氏は、インターネットが在特会らの運動に大きな役割を果たしてきたとする。在特会はそれ以前には組織加入がない者が大多数であった。

そして、「そうした基盤がない状態で組織機能を代替したのはインターネットであり、それなくして排外主義運動が台頭する事態は起きなかった」[14]とする。

桜井元会長は、自分たちにはネットという武器があるとたびたび述べてきており意識的にネットを利用してきていた。その中でも、在特会らが戦略的に利用した動画の影響力は大きかったものと思われる。桜井元会長自身が、「Ｄｏｒｏｎｐａの独り言」で、「行動する保守運動にとって最大の武器はネットの活用にあります」、

「メディアが報じない真実の姿をダイレクトに視聴者に届けるネットという武器を最大限に駆使して私たちは戦うことができます。今、日本各地で何が起こっているのか、メディアという反日フィルターを通してではなく、ありのままの姿を伝えることで多くの人に考えるきっかけを与えたいと思います」とインターネットを最大限使うことを呼びかけている。[15]

在特会らは、自分たちの街宣やデモの様子を撮影した動画を積極的にインターネットに流してきた。また桜井元会長は、自分の主張をインターネット上で「ニコニコ生放送」として放送していた。彼らのパフォーマンスが派手で刺激的であればあるほど、いっそう、アクセスは増え人を呼び込んだ。豊福誠二弁護士が朝鮮学校襲撃事件で裁判所に対して提出した報告書によると、在特会の動画撮影とインターネット上のアップロードを担当した者がアップした動画の本数は、2009年8月21日から2010年10月14日の1年2カ月の間で966本であった。これは特定の一人がアップロードした本数である。在特会の活動上、いかに動画が大きな役割を果たしてきたかがわかる。動画には、街中で堂々とヘイトを撒き散らす姿が映っている。これはそれまで「タブー」とされていた在日韓国・朝鮮人への反感を公に口にだしてもいいのだというメッセージを発している。

そして、現在は、李信恵さんが訴訟にした保守速報のような保守系まとめサイトも排外主義へ触れるきっかけとして大きな役割を果たしている。インターネットで「韓国」を検索すると、「U─1速報」、「カイカイ反応通信」、「厳選！　韓国情報」などの韓国・朝鮮を貶める内容のいわゆる「まとめ系サイト」が上位に出てくる。

韓国、朝鮮への「うっすらとした偏見」をもった人たちがネットで検索をするとそこには在日韓国・朝鮮人を含む韓国、朝鮮に対するネガティブ情報と排外主義が蔓延している。

長峯信彦氏は、「過去に、アメリカで人種差別がありその背後に支配・従属関係があったこと、そしてそれが今現在でも尾を引いていることは論を俟たない。しかもそこには、根強い偏見のステレオタイプ化（固定観念化）がすでに醸成されていることにより、偏見を維持する情報（事実）は容易に意識下に収納されるのに対し、それを否定する情報（事実）は容易に遮断されてしまうという『認識のふるい分け現象』（"screening" phenomenon スクリーニング現象）が生じている事実も決して軽視はできない」[16]と述べるが、日本でも状況は変わらない。

ここまで見てきたように、インターネットが差別の再生産を加速させているのが、今現在である。

これに加えて、差別の拡散に大きな役割を果たしたのは、「在日特権」というキーワードである。「差別はしないが外国人排斥を主張する」という矛盾を埋めるのが、「在日特権」という言葉だ。堂々と差別をしてはいけないという常識は、排外主義者でも持っている。しかし、これは差別ではない、むしろ自分たちが受けている差別に反対する行為だという「正当化」の論理が、差別へのハードルを下げるのである。

李信恵さんの裁判では、『レイシズムを解剖する　在日コリアンへの偏見とインターネット』の著者である高史明氏に意見書をお願いした。高意見書では、２０１２年11月から２０１３年2月にかけて韓国・朝鮮人（在日韓国・朝鮮人以外の韓国・朝鮮人も含む）に関わるツイート（簡易ブログサイト「ツイッター」における投稿）、10万９５８９件を分析している。これらのツイートのうち韓国・朝鮮人に対してネガティブな内容であるものは70％前後であり、高氏は、「ネガティブ情報が圧倒的に多く」「当時インターネットのコミュニティ上では韓国・朝鮮人に対するネガティブな態度が広範に共有されて」いたとする。そのうち「『在日特権を許さない市民の会』がその名に冠し、広めるよう長年主導してきた『在日特権』への言及（差別的なものも差別を批判するものも含む）は、韓国・朝鮮人についてのツイート全体の15％に表れていた。これらのツイートのうち95％前後、つまり全体の14・３％程度がコリアンに対してネガティブなもの、つまり、単に『在日特権』に言及するだけでなく、『在日特権』に注目した上で差別的な意見を表明する言説であった」[17]とする。そして、高氏が集めたサンプルは在日韓国・朝鮮人に限定せず韓国・朝鮮人についてのツイートを集めたもので、「『在日特権』が日本国外に居住する韓国・朝鮮人には無関係であることを考えると、14・3%というのは、在日韓国・朝鮮人に言及するときに『在日特権』が言及される比率を指す数値としては、おそらく過小評価である。こうした点からは、そもそも原告の名誉や感情を傷つける前提となるインターネット上の差別的な風土の醸成自体に、被告ら(在特会と桜井誠元会長のこと)が相当の役割を果たしてきたと推測できる」[18]としている。

差別をする者は、「在日特権」という差別を正当化する「理屈」上の根拠を発見し、差別をしているという後ろめたさなく外国人の排斥を叫ぶことができる。また、「在日特権」は同時に、「日本人差別」という枠組みで自分たちを被差別者として位置づけることができるようになる。そして、「在日特権」は「タブー破り」としての側面を持つが、それは、「公然と差別をする」ことではなく、「今まで手を触れられなかった特権に言及する」という意味である。いわゆる「同和利権に言及することはタブーである」という言説へのタブー破りがある。これと類似する意味のタブー破りであった。

これは、旧来のレイシズムに基礎をおきつつ、その社会意識が現代的レイシズムの側面もあわせてもっていることを示している。高氏はその著書で、現代的レイシズムについて言及している。現代的レイシズムとは「(1)黒人に対する偏見や差別はすでに存在しておらず、(2)したがって黒人と白人との間の格差は黒人が努力しないことによるものであり、(3)それにもかかわらず黒人は差別に抗議し過剰な要求を行い、(4)本来得るべきもの以上の特権を得ているという、4つの信念である」[19]と提示している。そして、日本においても新旧のレイシズムを区別することは可能であるとしている。[20]「在日特権」は、在日韓国・朝鮮人が「本来得るべきもの以上の特権を得ている」という認識を示す言葉である。

ヘイトスピーチの背景は、旧植民地支配からの差別意識、現代的レイシズムから生じるもの、朝鮮民主主義人民共和国、大韓民国との政治状況から生まれるものなど重層的なものとなっている。

「不逞鮮人」という言葉、「朝鮮学校は拉致に関わっている」という主張、「在日特権」という罵りなど、現在のヘイトスピーチの内容は、そのすべてを含んでおりそれらが同一人の中から「矛盾なく」出てくるのである。そして、これらはインターネットを通して大量の付和随行者を生み出した。「正義のために戦っている」という高揚感が得られるお手軽な娯楽を求める者たちである。


排外主義活動をする者たちは、自分が差別しているとの意識はない。彼らは、私たちと同様に、差別という行為が認められないことを認識している。これは、一定期間、民族差別を表立っては言いにくい現状が生じていた、ということが基礎にある。すなわち、「すでに差別は消滅している」という現代的レイシズムの前提には、社会の中で、差別が許されないという「一般常識」「建前」が社会の中にあった（もちろん、陰では差別は行なわれていたし、制度的差別も存在した）。

現代型レイシズムは、差別がなくなったように「みえる」ことを出発点としているのであり、それは、権利に対する共通認識が進んだことを示している面もあるのだ。この点、森千香子氏[21]も、「ヘイトスピーチの嵐は、在日朝鮮人やフランスの移民の社会進出がすすみ、以前に比べると『対等』に近づきつつあるという現実を示すものである」としている。平等という価値観が浸透した結果、排外主義も「どちらが差別者か」を問うような形で争点を拡散させたのである。

彼らにとって「在日特権」は一面では差別を正当化する根拠となったが、他面で彼らは「在日特権」という「理屈」を持ち込まなければ自分たちの主張を正当化できない隘路に立っている。

1　京都地裁判決　2011年4月21日　平成22年（わ）第1257号、第1641号
2　桧垣伸次「ヘイト・スピーチ規制と批判的人種理論」『同志社法学　61巻7号』　233頁
3　朴貞任「京都朝鮮学校襲撃事件―心に傷、差別の罪、その回復の歩み」『法学セミナー　特集　ヘイトスピーチ／ヘイトクライム　2015／07／no．726』　26頁
4　前掲書　32頁
5　奈須祐治　「ヘイト・スピーチの害悪と規制の可能性（一）」『関西法学　第53巻6号』　75頁
6　前掲書　95頁
7　桧垣伸次「ヘイト・スピーチ規制と批判的人種理論」『同志社法学　61巻7号』　258頁
8　在特会の目的は、在日韓国・朝鮮人を特権的に扱う「在日特権」をなくすこととしており、特別永住資格や、通名、生活保護優遇などの廃止を求めている。もちろん、これらの「特権」は虚構である。この点、野間易通『在日特権の虚構――ネット空間が生み出したヘイト・スピーチ』河出書房新社　2015年が詳しい。
9　樋口直人『日本型排外主義――在特会・外国人参政権・東アジア地政学』名古屋大学出版会　2014年
10　2001年、「人種主義、人種差別、外国人排斥及び関連のある不寛容に反対する世界会議」が開かれ、ダーバン宣言が採択された。
11　昭和22年5月2日勅令第207号　最後の勅令としても有名である。
12　樋口直人『日本型排外主義――在特会・外国人参政権・東アジア地政学』名古屋大学出版会　2014年　157頁
13　倉橋耕平氏は、右翼論壇もその内容はサブカルチャー化していると指摘している。『歴史修正主義とサブカルチャー　90年代保守言説のメディア文化』青弓社　2018年
14　樋口直人『日本型排外主義――在特会・外国人参政権・東アジア地政学』名古屋大学出版会　2014年　119頁
15　桜井誠「Doronpaの独り言」2009年12月5日（https://ameblo.jp/doronpa01/）
16　長峯信彦「人種差別的ヘイトスピーチ　――表現の自由のディレンマ――（1）」『早稲田法学72巻2号』　194頁。なお、長峯氏はこのあとにこれらの現象が未来永劫続くわけではないとしている。
17～18　高史明意見書（在特会に関する意見書）　2頁
19　高史明『レイシズムを解剖する　在日コリアンへの偏見とインターネット』勁草書房　2015年　13～14頁
20　前掲書　99頁

21　森千香子「ヘイト・スピーチとレイシズムの関係性——なぜ、今それを問わねばならないのか」金尚均編『ヘイトスピーチの法的研究』法律文化社　２０１４年　16頁

第５章

２つの裁判をめぐって

在特会・保守速報を訴える

李信恵さんは、２０１４年8月18日、大阪地裁に二つの裁判を起こした。一つは在特会と当時の在特会会長に対する５５０万円の損害賠償請求である。もう一つは「保守系」のまとめサイトである保守速報の管理人に対する２２００万円の損害賠償請求である。ここでかっこつきで「保守系」としたのは、保守というより、むしろ、嫌韓を煽る記事を中心としていたため、通常の言葉の意味での保守とは違うからである。保守速報は、管理人が開設しているブログであり、毎日、ブログを更新していた。このブログは、2ちゃんねるに上がったスレッドから管理人が取捨選択して、ブログ記事を作成する。この際、管理人は2ちゃんねるの各スレッドから、書き込みを選択して転載する。保守速報は、私たちが訴訟を準備していた２０１４年当時、プレビュー数が約４億人以上、１日75万人前後がアクセスする巨大なブログであった。

在特会と桜井誠元会長は[2]、李信恵さんに対して、インターネットの番組や街宣で、「鮮人記者」が「撒き散らしている虚言」の結果として「不逞鮮人への嫌悪感がより広がっているように思います」とか、「反日記者」など、原告の民族性に係るアイデンティティを傷つけたうえ、「立てば大根、座ればどてかぼちゃ、歩く姿はドクダミ草」、「日本が嫌いで嫌いで仕方ないババアはそのピンクのババアです」など、原告の容姿に対する執拗な攻撃を行なった。

そして在特会と桜井元会長は、これらをすべて、インターネットの動画としてあげた。インターネットの動画サイトに上げられることで、李信恵さんへの誹謗中傷は一回限りの行為ではなく、永続的に李信恵さんを誹謗中傷することになったのである。また、桜井元会長が使用したインターネットの「ニコニコ生放送」は視聴者の書き込みが画面に表示されるように設計されており、桜井元会長がしゃべっている動画の画面には、李信恵さんを誹謗中傷する多数の書き込みがなされた。桜井元会長がネット上で李信恵さんを誹謗中傷すると、それに扇動された人たちが一斉に李信恵さんへの誹謗中傷を書き込んで盛り上がるのである。

また、桜井元会長は、ツイッター上にも、「信恵返韓」「ドブエ」（信恵さんの名前の読みをドブと引っかけたのである）などの書き込みをした。

保守速報は、2013年8月から2014年7月にかけて、李信恵さんに関して45個ものブログ記事を掲載した。この記事のうち2ちゃんねるから選択・転載した書き込みの数は1180個あまりだったが、そのほとんどすべてが、李信恵さんへの罵詈雑言と在日朝鮮人差別と女性差別であった。引用元の2ちゃんねるから、さらに李信恵さんを傷つける内容として、「ヒトモドキ」、「日本から出ていけ」、「信恵はシネ」（信恵の朝鮮語読みは「シネ」である）「ブスで、性格悪くて、朝鮮人で」等を選択・転載したのである。

李信恵さんから保守速報と在特会らを訴えたいと相談があったとき、私が声をかけたのは大杉光子弁護士である。大杉弁護士は、私が法律事務所に入った年にその事務所から独立をした先輩弁護士である。初めて顔を合わせたのは、在日高齢者無年金訴訟の弁護団会議で、それから、いくつもの事件を一緒に取り組んできた。女性であること、緻密であること、在日朝鮮人の問題に早くから取り組んできていること、何より依頼者との関係でパターナリズムに陥らないようにいつも気を配っている人である。私が李信恵さんの事件を一緒にやってほしいと言ったら、大杉弁護士は二つ返事で引き受けてくれた。

李信恵さんの裁判は、李信恵さん本人と、大杉弁護士、私の共同作業になった。

裁判の目標は、まず、複合差別が判決で認められることだった。そして、次に、複合差別の被害の深刻さ、インターネット上の被害の深刻さが認められ、損害賠償額に反映されることだった。複合差別とそれがインターネットで広まっていたことで、李信恵さんの精神的打撃は大きく、日常生活にも影響が出ていた。

複合差別とは何か

複合差別は、主として女性差別と他の事由による差別の交差ないし複合の態様に着目した概念だ。

国連人種差別撤廃委員会は、２０００年3月、「人種差別のジェンダーに関連する側面に関する一般的な性格を有する勧告25」で、「人種差別が女性と男性に等しく又は同じような態様で影響を及ぼすわけでは必ずしもないことに注目する。人種差別が、女性にのみに若しくは主として女性に影響を及ぼし、又は男性とは異なる態様で若しくは異なる程度で女性に影響を及ぼすという状況が存在する。」[3]と述べた。

また、国連女性差別撤廃委員会は、２０１０年10月、一般的勧告第28において「18．複合とは、第2条に規定された締約国が負うべき一般的義務の範囲を理解するための基本概念である。性別やジェンダーに基づく女性差別は、人種、民族、宗教や信仰、健康状態、身分、年齢、階層、カースト制及び性的指向や性同一性など女性に影響を与える他の要素と密接に関係している。性別やジェンダーに基づく差別は、このようなグループに属する女性に男性とは異なる程度もしくは方法で影響を及ぼす可能性がある。締約国は、かかる複合差別及び該当する女性に対する複合的なマイナス影響を法的に認識ならびに禁止しなければならない」[4]とした。

このように、複合差別という概念は、国際的には２０００年代から意識され始め、２０１０年には差別を理解する上での基本概念となっていた。これより以前、１９９３年12月の第48回国連総会で採択された「女性に対する暴力の撤廃宣言」の前文では、マイノリティ女性が暴力の標的になりやすいことを指摘している。「少数者グループに属する女性、先住民の女性、難民の女性、移民女性……など、いくつかの女性の集団が特に暴力を受けやすいことを憂慮する」としているのだ。複合差別の重要な中身は、女性が暴力の標的となりやすいことにあるのは、間違いなかった。

差別の問題を考えるとき、女性差別撤廃委員会も人種差別撤廃委員会も、複合差別という概念を基本的概念として言及している。日本でも、「女性にのみに若しくは主として女性に影響を及ぼし、又は男性とは異なる態様で若しくは異なる程度で影響を及ぼすという状況」や、「異なる程度もしくは方法で影響を及ぼす可能性がある」という状況があるのか。

この実体について日本政府が行なった公的な調査はない。

女性差別撤廃委員会は、２００９年8月に、第6回日本政府報告書審査に対する最終見解[5]で、日本政府に対し、「社会全体及びコミュニティ内において、締約国のマイノリティ女性は性別や民族的出自に基づく複合差別に苦しんでおり、こうした状況について情報や統計データーが不十分である」[6]と指摘した上、「アイヌの人々、同和地区の人々、在日韓国・朝鮮人、沖縄女性を含むマイノリティ女性の現状に関する包括的な調査を実施するよう締約国に求め」[7]た。しかし、その後、日本政府が複合差別の調査をしたという事実はない。日本政府は、女性差別撤廃委員会からの勧告の無視を決め込んでいた。したがって、日本における複合差別がどのようなものか、どのような形で現れるかについて、日本政府に資料は存在しない。

李信恵さんへの攻撃は複合差別であろう、という予測は立つが、私たち弁護士にはその内実の詳細はよくわからない。そこで、私たちは、複合差別について専門家に意見書をお願いすることにした。

意見書の一つは、元百合子氏にお願いした。この意見書は、国際人権法で複合差別がどう位置づけられているか、その内実はどのようなものかという点についてのものである。元氏は複合差別研究会を主宰しており、私も研究会に何度かお邪魔したことがある。また、元氏には、朝鮮学校襲撃事件のときにも、民族教育権について意見書を書いていただいた。

もう一つ、複合差別の被害の深刻性についての意見書をお願いしたのは鄭暎惠《チョンヨンヘ》氏。鄭暎惠氏は、沖縄女性からの聞き取りをされており、やはり複合差別の視点をもっておられた。鄭暎惠氏は、この意見書を絶対に仕上げたいとおっしゃってくださった。

元意見書は、複合差別は「女性一般が受ける暴力とはその本質において大きく異なる。原告（李信恵氏をさす）の民族的出身に対する強い嫌悪感・憎悪、すなわち人種主義と結びついているからである」[8]としているが、この民族的出自に対する強い嫌悪感や憎悪を、最も効果的に表出させる手段として女性差別が使われる。

この点、鄭暎惠意見書も[9]、「民族差別・レイシズムとジェンダー差別の双方においてターゲットとされるマイノリティ女性は、マイノリティ男性以上に差別の対象とされやすく」、「李信恵さん個人を名指しして行われたヘイトスピーチとは、単なる名誉毀損でも単なる民族差別・レイシズムでもない。ジェンダー差別となって顕現したレイシズム、かつ、レイシズムの意識を持つことにより熾烈となったジェンダー差別という、複合差別による名誉毀損である」とする。

これらの意見書は、在日朝鮮人女性が民族的属性と女性という属性を併せ持つゆえに、すなわち二重の被差別の属性を持つゆえに、標的となりやすいと指摘している。

そして、元意見書はマイノリティのうちでも女性を狙うのは、「在日朝鮮人を攻撃するに当たり、その中の相対的弱者を標的とし、攻撃効果の最大化を図」[10]るためであるとする。拉致問題等を契機としたチマチョゴリ切裂事件は朝鮮学校の女子生徒を、京都朝鮮第一初級学校への襲撃事件は子どもを狙っており、この証左であるとした。

そして元意見書は、一般的にマイノリティのうち、女性が標的とされやすいということに加え、特に李信恵さんが標的とされたのは偶然ではないと述べる。李信恵さんは、「民族的出自と女性という出自を併せ持ち、しかもそれを大切にし、被告らが街宣やネット上で繰り広げたヘイト・スピーチに対して沈黙せずに反論し、対等に議論しようとしたこと、さらにジャーナリストとして原告の活動――日本社会と大和民族への恭順と同化を拒否し、朝鮮半島に対する植民地支配とそれに関連する未精算の諸問題、戦後も継続されている民族差別を批判的に報道してきたことなど――が、被告らから見れば、許しがたい行為であること」が理由であるとし、だから、在特会ら及び保守速報は「日本人男性として自らの民族的かつジェンダー的優位性に依拠し、専ら人種主義的かつ女性差別的言辞を多用して、原告の人間性、尊厳と人権を全面的に否定するという激しい攻撃」[11]を加えたとする。

李信恵さんは、日本人男性の優位性という「秩序」を攪乱する者として、マジョリティ側から攻撃の標的となったのだ。

ここでいう「秩序」とは、日本人男性を中心とした秩序である。先の朝鮮学校襲撃事件で、在特会らの在日韓国・朝鮮人に対する「日本に住まわせてやっている」、「道の端あるいとったらいいんじゃ」という言葉に端的に示されているように、在日韓国・朝鮮人は、日本社会のやっかいもので、社会の中で息を潜めて暮らすべきという日本人中心の価値観がある。そしてその上に、女性は男性の従属物であるという価値観が重なっている。在日の女のくせに、我々に口答えするなど生意気だという価値観である。

そして、元意見書は、「加害者は生育過程で刷り込まれるジェンダー意識——男性の優越性（女性の劣等性）や性別役割分担を当然視する意識——を持ち、男性が暴力的であることに寛容な社会の中で、暴力を自分に利益をもたらすものとして学習しており、女性被害者との関係でより優位に立ち、状況をコントロールするために暴力を用いる傾向が強い」としているが、在特会らの「暴力」は、まさに、李信恵さんを黙らせるために、李信恵さんへのコントロールをする意図で行なわれたのであった。[12]

本件でも、李信恵さんに向けられた複合差別は、頻繁なハラスメントと汚名であり、性差別的な発言であった。これが、本件における複合差別の内実である。ハラスメントは「黙らない女性」である李信恵さんをターゲットにして執拗に行なわれた。

李信恵さんは、公人でもなく著名人でもなかった。しかし、在特会らは、李信恵さん個人に対して罵倒を繰り返し、裁判所での桜井元会長に対する尋問で、「安田浩一氏もあなたを批判しているのに、なぜ李信恵さんを攻撃の対象に選んだのか」との質問に対して、桜井元会長は、李信恵さんが「女性だからですよ」と答えた。これは、李信恵さんがターゲットにされた理由を端的に物語っている。

また、保守速報は、李信恵さんに関する記事を45本も作成した。保守速報が個人名をあげて作成したブログ記事は、有田芳生参議院議員の120本を除けば朴槿恵《パククネ》（韓国の18代大統領）や山本太郎参議院議員がそれぞれ40本弱、福島瑞穂参議院議員は10本程度である。[13] これらの公人に関するブログ記事ですら李信恵さんより少ない。一私人である女性に対してこれだけの攻撃をするのは、まさに複合差別の現れとしか思えない。

しかし、李信恵さんに攻撃が集中したことと、彼女の容姿に対する執拗な侮辱が女性差別に当たるのかは別個に検討が必要だった。この事件の場合、複合差別のうち容姿や年齢への侮辱が本当に女性差別として成立するのかという問題があった。容姿に対する「ブス」などのことばや、年齢に対する「ババア」といったようなことばの執拗な繰り返しは、それ自体としてみれば、「女性は若くて美しいほうがいい」という価値観に基づくもので、その価値観自体が女性差別であることには問題はない。しかし、本件で個人に対する容姿や年齢に対する言及がそのまま女性差別といえるのか。これは、大杉弁護士から提起された問題意識であった。確かに、女性は若く美しいほうが価値があるという価値観を前提として、「若く美しくない」ことを女性差別とすることは、かえって女性差別的な価値観を肯定することにならないかという疑問がある。

私たちは、この女性差別的な価値観を前提にして、「若く美しい」とすることも差別的であるが、その中で「若くない」「美しくない」とすることは、さらに差別的であり、二重の意味での差別であると主張した。これはまだ議論の余地があると思う。

最後に、国際人権法とヘイトスピーチについては、前田朗氏に意見書をお願いした。前田意見書は、ヘイトクライムは「メッセージ犯罪」としての特質があるとして、その特質を「第1に、ヘイトクライム被害者は、個人としてではなく象徴として狙われる」、「第2に、それゆえ被害者には互換性がある。被害者はランダムに選ばれ、無差別に狙われる。潜在的被害者は、自分が狙われる原因となる特徴を変えることができない。将来の攻撃を避ける方法がない」、「第3に被害者は狙われたコミュニティの残りの者に対してメッセージを送るために攻撃される」とする。そして、そのメッセージは、「境界を越えるな。目に見えない境界を越えるな。もし超えたなら殴り倒すぞ」だとする。[14]

このメッセージ犯罪という点を合わせて考えるなら、李信恵さんが標的とされたのは「沈黙しないマイノリティ女性」だからである。そして、在特会らや保守速報の攻撃は、「在日朝鮮人の女は李信恵のように、境界を超えるな、境界を越えたなら殴り倒すぞ」というメッセージを、在日韓国・朝鮮人へと発したものであった。このようにヘイトスピーチは、個人の被害にとどまらない社会的影響がある。それゆえ、ヘイトスピーチと合体した複合差別の悪質性は大きい。

女性差別撤廃委員会がいうマイノリティの「グループに属する女性に男性と異なる程度若しくは方法で影響を及ぼす可能性」、人種差別撤廃委員会が述べる「女性にのみに若しくは主として女性に影響を及ぼし、又は男性とは異なる態様で若しくは異なる程度で」としている、複合差別の被害の質と程度はどのようなものか。

元意見書も、人種差別に属するヘイトの被害は、通常の名誉毀損や侮辱とは異なる性質をもつとしているが、これを私たちがどう理解し、かつ裁判所に伝えるのかという問題があった。私たち弁護士は女性であるという属性はあるが、日本人としてマジョリティ属性を生きている。したがって、どのように李信恵さんの被害を理解するのか、それができるのかは最後まで私たちの課題であった。

この点、民族差別の被害は、レイプなどの性暴力の被害と類似すると述べるのは、鄭暎惠氏である。

鄭暎惠氏は、その意見書で、民族差別と性暴力の被害の類似性を「植民地支配・戦争・レイプは、相手を同じ人間と見なさず、絶対服従を余儀なくして支配する点で類似した構造を持っている」とする。また、民族差別の結果生じる被害もレイプの被害と同様に、「精神的影響として睡眠障害、ＰＴＳＤ、抑うつ症状、不安障害、パニック障害、アルコール・薬物依存症、自殺念慮、自殺企図、種々の心身症や身体化症状（中略）自分自身への否定的な評価。自分の感覚や欲求・判断力への信頼の喪失、感情の豊かさ、意欲や気力の消失、対人関係能力の低下」が生じると述べる。そして最後に、レイプは身体に対する侵襲であるため、「自分の身体がフラッシュバックのきっかけになる。自分の身体から逃れることが不可能な以上、安心できる空間が消失してしまう」点でも類似するとする。在日韓国・朝鮮人は、民族差別にあっても、日本から逃れることが困難な状況にあるにもかかわらず、日本では安心できる空間がなくなり「精神的に窒息死」するという。[15]

性暴力と差別の被害の類似性は、相手方を対等な人格として認めず、人間としての尊厳を否定することにある。ある社会において、自分は一人前の人として扱われない、それを見せつけられる衝撃それ自体も大きなものである。また、自分が何か悪いことさえしなければ安全に暮らせるというのは、きわめて常識的な考えである。人は、起こった事態を、まず、自分の常識の枠組みの中で説明しようとするだろう。これは、差別という攻撃を受けた場合、自分に理由があったのではないかという結論を導く。自分の常識と反する事態に遭遇したとしても、自分の持っている常識を覆すことが難しいのである。

前田朗氏の意見書はこれを帰責の誤りだと述べている。このような差別された原因が自分にあるのではないかと思うことが、自己否定や、自己嫌悪の感情に結びつくとする。

民族という属性や女性という属性は自分の意思で変更不可能なものだ。自分の中に、差別による攻撃を引き起こすアイデンティティが組み込まれている。被害当事者は、日本社会からも、自分自身からも逃れることが不可能な以上、日本では安心できる空間がなくなるのである。鄭意見書は、この状態を「日常が戦場となる」と表現した。

このような民族差別一般の被害に加え、鄭意見書は、さらに、複合差別に言及している。在日韓国・朝鮮人女性は、在日韓国・朝鮮人男性に比べてさらに生きづらい。女性という部分に加え「民族差別がある分だけ、その存在と発言には価値がないとみなされ、異議申し立てをしても、傾聴するに値しないとされる。対等にものを言おうとすれば『生意気だ』と言われ、はっきり意思表示するほどハラスメントの対象とされる」のだ。在日韓国・朝鮮人女性の現状は、この生きづらさを「自分の痛みを感じるセンサーを断ち切」り、「痛みに『蓋』をし」て「強くたくましく生きる」、「弱音を吐かずにひたすら働き続ける」など「あらゆる精神力を動員して乗り切ろうとする」毎日の積み重ねである。在日韓国・朝鮮人女性の心的外傷は、男性の場合よりいっそう「重層化・複雑化」している。鄭意見書は、在日韓国・朝鮮人女性が、痛みに「『蓋』をして難しいバランスをとりながら、やっと生き延びてきたところに、ヘイトスピーチはトラウマの記憶の蓋を開ける引き金となる」[16]と述べる。そして、そのときの衝撃は、時には自死にいたるほどのものであり「魂の殺人」であるとする。複合差別が、二つの差別の足し算ではなく、掛け算であるとされるゆえんである。

このような複合差別の被害の深刻さは、李信恵さんにもよくあてはまる。

李信恵さんは、中学2年生のときに民族名を使い始めた。李信恵さんは、朝鮮人としての自覚はあったが、朝鮮語もしゃべれず民族の文化に深く関わることができなかった。李信恵さんは、民族名を名乗るようになったときの気持ちを「ああ、なにかやっとちょっとだけでも朝鮮人としての第一歩を踏み出したような気持ちになりました」[17]と述べている。彼女は、思春期という多感な時期にそれに関わる不利益が一定予測できたにもかかわらず、朝鮮人であることと民族名をあえて選んだ。朝鮮人であることは李信恵さんの重要なアイデンティティだった。

しかし一方で、李信恵さんは、小さいころから数々の差別的体験をした。高校生のとき、在日朝鮮人の友人と一緒にアルバイトの面接をうけたが民族名の自分だけが採用されなかったこと、美容院で日本語が上手と褒められたこと、入居差別があったことなどである。このとき、不愉快な思いをしても、李信恵さんは自分の努力が足らないと考えたという。

そして、李信恵さんは、自分が努力すれば日本社会の中で認められると考え、仕事やPTA活動や町内会活動に積極的に参加した。まさに、痛みに蓋をして「弱音を吐かずにひたすら働き続けること」で「強くたくましく生き」てきた。

ところが、在特会ら、保守速報の差別的なことばに接したとき「努力すれば認められる」という李信恵さんの希望は打ち砕かれた。「朝鮮人は出ていけ」「死ね」「殺せ」「ブス」「ババア」など原告の尊厳を否定する言葉は、李信恵さんの存在とそれまでの努力を根底から否定して、この先、努力しても差別から逃れられないということを思い知ったのである。李信恵さんは尋問で「(日本に)帰ってくるなと言われると、ここにいてはいけないんじゃないかなとか、ここにいることを何でこんなに否定されなければならないんだろうかとか、今まで培ってきたものがすべて何か全部無になっていくような、(中略)否定されたような気持ちになりました」と述べた。努力しても、在日朝鮮人である自分の属性は変更できず、そうである以上差別が続くという絶望感となった。また、過去の理不尽な体験も「差別のことを実感してつらくなった」と述べ、先の体験を改めて差別として再体験したという。そのため、李信恵さんは、度々「消えてしまいたい」との希死念慮に襲われ、突発的に髪を切るなど自傷行為と思える行為にまで追い詰められた。また、過食・嘔吐の繰り返し、円形性脱毛症、不眠、突発性難聴などの身体的症状も出た。

複合差別により、李信恵さんの心には筆舌に尽くしがたい苦痛が生じたのである。

このような深刻な被害があるにもかかわらず、民族差別と女性差別が交差する場面では、女性差別が後景化してしまう。元意見書は、「同一集団・カテゴリー内の多様性、不均衡な力関係、抑圧構造、階層分化と格差は、看過、軽視ないし隠蔽され、マイノリティ女性は、『女性』のカテゴリーにおいても、『人種』や民族といったカテゴリーにおいても不可視化されてきたのである」[18]と、複合差別が見えにくいことを指摘した。そして、複合差別を考えるにあたっては、差別事由ごとに分解・分離したアプローチでは「問題の一面的把握にとどまり、効果的対応がなされないばかりか、差別の複合的形態が隠蔽され維持されてしまうという弊害さえおきる」と警告する。この点、鄭意見書も、「『相手が男性なら、こんな言い方はしない。ここまで言わない。』――李信恵さんへのヘイトスピーチは、執拗なまでのジェンダー差別がベースにある。ところが、そこに民族差別・レイシズムが加わることによって、与える被害の深刻度は増しているにもかかわらず、皮肉なことにジェンダー差別に焦点が当たらなくなり、かえってその認識がぼやけてしまう。本来ならセクシャル・ハラスメントとして当然対処されるはずが、後景に忘れ去られて、民族差別・レイシズムとしての名誉毀損だけが罰せられるとしたら、判決におけるジェンダー軽視であり、それ自体がジェンダー差別であろう」[19]と指摘する。複合差別は、深刻であるにもかかわらず、見えにくくなるというのが、複合差別の第3の特徴であった。

本件訴訟の係属中の２０１６年3月に、女性差別撤廃委員会が「日本の第7回及び第8回合同定期報告に関する最終見解」[20]を出した。

この最終見解では各項目ごとに、マイノリティ女性の状況が書き込まれた。

そのうち「不利な状況にあるグループの女性」という項目で、「委員会は、アイヌの女性、同和地区の女性、在日韓国・朝鮮人の女性などの先住民族や民族的マイノリティの女性とともに障害のある女性、ＬＢＴの女性及び移民女性といったその他の女性が複合的かつ交差的な形態の差別を引き続き経験しているとの報告を懸念する」[21]として、第6回の最終見解以降、日本政府が複合差別について対応していないことを問題視した。

そして、女性差別撤廃委員会は、日本における複合差別の実態について「差別的な法律及び法的保護の欠如」で、「(e) 頻繁にハラスメント、烙印及び、暴力の対象となる様々なマイノリティ・グループの女性に対する交差的な差別を対象とする包括的な差別禁止法がないこと」[22]や、「固定観念と有害な慣行」の項目で、日本における「(d) 性差別的な発言が、アイヌの女性、同和地区の女性、在日韓国・朝鮮人の女性などの民族的及びその他のマイノリティ女性や移民女性、並びに女性全般に向けて続いていること」[23]に懸念を表明している。[24]

女性差別撤廃委員会が述べた、「頻繁にハラスメント、烙印及び暴力の対象」、「性差別的な発言が、アイヌの女性、同和地区の女性、在日韓国・朝鮮人の女性などの民族的及びその他のマイノリティ女性や移民女性、並びに女性全般に向けて続いている」ことは、一つ一つ実感を持って迫ってきた。私たちは、この「最終見解」も証拠として提出した。

インターネット上の名誉毀損等の被害

もう一つの課題は、とりわけ保守速報についての問題であった。

保守速報は、2ちゃんねるの書き込みから選択・転載してブログを作成している。すでに、2ちゃんねるでインターネット上に露出している「書き込み」をまとめたことが、新たな文書を作成したといえるかという問題である。新たな文書と認められれば、保守速報がブログ記事を公開したときが権利侵害の時点になるからである。また、仮に新たな文書とならないとすれば、2ちゃんねるの書き込みは、すでにインターネット上で公開された文書であるから――公開されている文書、それは、名誉毀損的なもの、業務妨害的なもの、民族差別に当たるもの、女性差別に当たるものなどであるが――これを保守速報管理人が自分のブログ記事に選択・転載することで新たに李信恵さんの人格的利益を侵害するのかという問題が生じる。これは、保守速報が、2ちゃんねるとは異なる広範な読者を得たかどうかが重要なポイントとなるだろう。最後に、保守速報の李信恵さんに対する加害がどの程度なのか、である。これは李信恵さんの精神的被害の程度に影響する。インターネット上で多くの読者を持つ保守速報の影響力とそれに対応する李信恵さんの被害の問題である。

第1点目、保守速報のブログ記事が新たな文書といえるかであるが、これは、2ちゃんねるとの比較をしなければならない。そのため、私たちは、引用元である2ちゃんねるのスレッドをすべて証拠として提出し両文書を比較する準備書面を書いた。

2ちゃんねると保守速報のブログ記事を比較して最初に目に飛び込んでくる印象は、2ちゃんねるのスレッドが、グレーの背景に黒でテキストが打ち込まれており、地味な印象なのに対して、保守速報は、フォントの大きさもまちまちで色も何色か使ってあり「派手」だということである。そして、内容の差異もある。たとえば、2013年11月11日の保守速報のブログ記事の引用元となった2ちゃんの表題は、「【李信恵速報】通名悪用詐欺を防ぐには⇒李信恵さん『犯罪を防ぐ方法がわかったら警察の出番はない』」である。保守速報のブログ記事の表題は、【李信恵速報】を、【トンスル代表】、その後は【サーチナ記者に質問】に変えている。

トンスルというのは人糞酒のことで、李信恵さんを汚物扱いしている内容であり、また、「代表」という言葉には、在日韓国・朝鮮人が汚物であるという前提がある。【サーチナ記者に質問】というのは、当時、李信恵さんがネットメディアであるサーチナで記事を書いていたことを揶揄するニュアンスがある。

また、2ちゃんねるのスレッドには、李信恵さんの顔写真はないが、保守速報のブログ記事の冒頭、表題の横には李信恵さんのカラー写真を貼り付けてアイキャッチャーとしている。

そして、2ちゃんねるの書き込み数183個（ただし、保守速報がブログ記事をアップする時刻までの書き込み）のうち保守速報のブログ記事で選択・転載している数は、43個で、転載した割合は23・5％である。

そして、2ちゃんねるから転載するのも、2ちゃんねるに書き込まれた順番ではなく、並べ替えをしている。それも続けて読めば意味が通るように並べ替えをしている。

2ちゃんねるの書き込みで181番目の「通名での犯罪は防げないと言ってんのかよ」、その次に78番目「マジでキチガイなんだな」という具合に並べ替えることによって、保守速報管理人は新たな「文脈」と「主張」を作ったのである。

さらに、これが肝心なことだが、保守速報のブログ記事は2ちゃんねるの単なる要約ではない。2ちゃんねるのスレッド183個の書き込みのうち通名を廃止すべきとする趣旨の書き込みの割合は19・1％、保守速報では6・9％である。これに対して、2ちゃんねるのスレッドには女性差別にかかる書き込みは4個（「のぶえって年中更年期みたいなもんだろ。言ってる意味がわかんねえ」「生まれたときから更年期」「犬食いばあさん」と「ＢＢＡ」だが、保守速報は、そのうちの前2つを転載している。保守速報は2ちゃんねるを単に縮小して要約したものとはいえない。

私たちは、保守速報のブログ記事と引用元の2ちゃんねると保守速報のブログ記事を一つずつこのような方法で比較し、これは、単にリーダビリティ、つまり2チャンネルの記事を読みやすくするだけのための編集ではないと結論づけた。保守速報は2ちゃんねるを素材として自分の主張を述べているという仮説を立て、各ブログ記事で、保守速報管理人がした編集から、その主張を読み解く作業をした。

私たちの裁判上の主張を補強したのは、保守速報側が提出した2本の論文である。その一つ、柏原勤氏の「『2ちゃんねるスレッドまとめブログ』によるニュースコミュニケーションに関する一考察」[25]という論文では、まとめサイトの編集について「スレッドを立てる者はそれに適したニュース記事を探索・選択しなければならない。その上で、立てられたスレッドの中から、第二のゲートキーパーであるまとめブログ運営者が記事の素材となるスレッドを選択する」としている。そして、この第二のゲートキーピング、すなわち出来事やニュースの選択、さらには選択されたニュースの重要度を判断する作業は、ブログ運営者によって行なわれ、「2ちゃんねる上において選択されたニュース記事の分布とまとめブログにおいて選択されたニュース記事の分布に差異が見られるということは、まとめブログは2ちゃんねるの『鏡』として機能するものではなく、むしろ自身のエディタシップを発揮し、独自のニュースバリューを形成している事を示唆する」としている。[26]

もともと、保守速報の引用元となっているのは、2ちゃんねる掲示板の「東アジア news+（news plus）」である。そこでは、２０１４年４月では、９８４本（重複部分を入れると１０７８本）のスレッドが立っているが、このうち、李信恵さんに言及するのは20本（重複部分を入れると26本）である。この間の保守速報のブログ記事３１９本のうち、李信恵さんに言及する記事は12本となっており、選択している数でも比例的に選択しているわけではない。保守速報は李信恵さんの記事を「東アジア news+（news plus）」からより多く選択しているのである。

また、まとめブログは2ちゃんねるの「鏡」として機能するものではなく、独自のニュースバリューを形成していることを示唆しているとの柏原論文の内容は、各ブログ記事にも当てはまる。転載元の2ちゃんねるのスレッドの書き込みの分布と保守速報の各ブログ記事に選択・転載した書き込みの分布には差異があった。保守速報のブログ記事は2ちゃんねるの単純な縮小ではなく、したがって保守速報は2ちゃんねるの各スレッドの「鏡」ではなく、ブログ作成者の「エディタシップの発揮」の結果である。

この差こそ、保守速報の「編集意図」であり、同時に、これは保守速報の独自のニュースバリューを形成しているといえる。

この点、高史明意見書も「この記事は被告による編集作業を経たものであり、単に引用元の2ちゃんねるのレスを機械的に（中立的に）『転載』しただけでない事がわかる。このようにして編集された記事は、被告のイデオロギーや、あるいは広告収入に繋がるアクセス数を増やそうという利己的な動機などにもとづいて作成されたものであって、その記事が総体として引き起こす権利侵害の責任は、被告自身が負わなければならないものと考えられる」[27]と書いた。

次に、2ちゃんねると別個のまとまった文書ではないとしても、保守速報のブログ記事となることで、新たな権利侵害が生じるのかという問題がある。保守速報は、2ちゃんねるスレッドと異なる読者を獲得したか、獲得したとしてどの程度か。

この点、先に引用した柏原論文は、「本研究が俎上に載せる『2ちゃんねるスレッドまとめブログ』が、その名の通り2ちゃんねるを素材としている」点に着目し「本研究のアプローチは、2ちゃんねるのスレッドがコンテンツとして2ちゃんねるユーザー以外にも広く享受されているというメディア利用の在り方を提示する。その在り方は、相対的にではあるものの『送り手としてのブログ運営者』と『受け手としての読者』という図式を前提とすることができる」[28]としている。また、国内最大級のブログサービスであるライブドアブログやFC2のブログにおいて、アクセス数や訪問者数に基づくランキングの上位が「2ちゃんねるスレッドまとめブログ」で占められていることにも表れているように、ブログの中でも「2ちゃんねるスレッドまとめブログ」は人気があり、柏原論文がまとめブログを扱う理由の一つもその人気であると述べる。[29] そして、「2ちゃんねるユーザーのニュースの読み解き（デコーディング）自体がコンテンツとして、つまり『読む』対象として前景化し、2ちゃんねるユーザーにとどまらず支持される」[30] とするのである。柏原論文の問題意識は、2ちゃんねるスレッドまとめブログがマスコミュニケーションとして機能する側面を分析して、マスコミュニケーション理論の応用可能性を検討しているが、この前提には、2ちゃんねるスレッドまとめブログには、2ちゃんねるとは別個の広範な読者層が存在しているという事実認識があるのだ。

また、保守速報側が提出したもう一つの論文は櫻庭太一氏の「インターネットコミュニティのコンテンツ発信の変容について試論」[31] である。この論文は、2ちゃんねる本体とそのまとめサイトの関係の変遷を追ったものである。同論文は、「従来型まとめサイト」と「ニュースブログ型まとめサイト」とを区別した。前者は2ちゃんねるのコミュニティの内部的な要素が強かったのに対し、「話題になった出来事やニュース記事などを取り上げ、それに対する『2ちゃんねる』内の反応を抜粋、編集する形で外部のブログサービス等に掲載する」[32] 形態をとる「ニュースブログ型まとめサイト」の読者層は、むしろその2ちゃんねるのコミュニティの外部的な要素が強いと分析した。そして「『ニュースブログ型まとめサイト』のメディア的な役割が『従来型まとめサイト』と明確に異なるのは、『従来型』が持っていた『2ちゃんねる』コミュニティ活動の同時進行の記録、アーカイブとしての側面が相対的に弱く、特定の傾向と需要を持った『読者』を想定した上で、その読者に（『2ちゃんねる』を出典とした）情報をニーズに沿った形で提供するという、二次的な情報コンテンツの生成にサイトの重点が置かれている点である。すなわち、『従来型まとめサイト』においては情報発信の主体は実際の『2ちゃんねる』ユーザー、特にそのコミュニティ活動の側に置かれるケースが多かったのに対し、『ニュースブログ型まとめサイト』の場合、発信の主体は記事の編集に携わる第三者（サイト運営者）と『2ちゃんねる』本体にはほとんどアクセスしないユーザーを多く含んだ〝読者〟の側にあるという点である」[33]とする。「『ニュースブログ型まとめサイト』が『2ちゃんねる』本体とは別個の、独立したコミュニティサイトとしての性質を強く帯び」[34]ており「『2ちゃんねる』内及びネット内外の話題を、まとめサイトそれぞれのフィルターを通した別のコンテンツとしてユーザーに提供するための二次的、周縁的な空間としての性格を強めていった」[35]としている

櫻庭論文は、2ちゃんねるの利用層とニュースブログ型まとめサイトとは異なるコミュニティであり、ニュースブログ型まとめサイトは2ちゃんねるとは別個の読者層を形成していることを論証していたのである（なお、保守速報が「ニュースブログ型まとめサイト」であることは保守速報自身が自認している）。

櫻庭論文によって立てば、「ニュースブログ型まとめサイト」である保守速報は、2ちゃんねるとは異なる新たな読者層を持っているのである。したがって保守速報は、2ちゃんねるとは別個の読者層に対して李信恵さんの社会的評価を低下させる「情報」を提供しており、そこには新たな名誉毀損や侮辱などの権利侵害が生じる余地がある。

また、これに加えて、保守速報の「異なるコミュニティ」の大きさも注目に値した。

保守速報には、２０１４年7月10日のアクセスカウンターはアクセス数の累計が4億５９６万７５３７人、前日のアクセスが76万１５７９人となっていた。

最後に、保守速報の悪質性とそれが李信恵さんに与えた被害の大きさである。この点は、高史明氏が詳細な意見書を書いてくれた。

高意見書は、「信頼性の乏しい情報源からの情報であっても、大勢が同じ主張をしているときには信用しや

すいという人間の認知特性によ」り、まとめブログは「大勢のユーザーのコメントの転載の体をとっているがゆえに閲覧者の考え方を左右しやすい」とする。[36]

そして、高意見書は、2012年11月から2013年2月にかけて、韓国・朝鮮人に言及する日本語のツイート10万9589件のうち、韓国・朝鮮人（在日コリアンもそうでないものも含む）に対するネガティブな内容が70％を占めるとしている。

そして、そのうち5・2％が2ちゃんねるもしくは2ちゃんねるまとめブログに明示的に言及し、さらにうち20・2％（つまり全体の1・1％）が保守速報に言及するものであったとしている。高意見書は、「これほどの量が単一のウェブサイトに触発されたものであるということは、驚くべき事である」[37]として、保守速報が、韓国・朝鮮人への偏見・差別を流布する上で果たす影響力の強さに言及している。

そして、高意見書は、保守速報は韓国・朝鮮人の偏見差別が広く共有される事態の形成に大きな役割を果たしてきたと指摘した。[38]保守速報は、差別社会の再生産に大きな影響力を発揮したのである。

また、インターネットの侮辱や名誉毀損の特徴は、情報取得のアクセスへの容易性、情報拡散の容易性、情報の永続性、その閲覧者と情報発信者の相互の関係性が生じるという特徴がある。

書籍などの印刷物、新聞紙や週刊誌であれば文書が掲載された時期に一時話題になるとしても一定の時期が過ぎればそれを入手する事は困難であり、図書館などで探したり借り出したり、また、特定して購入するなどの能動的な行為が必要である。しかし、インターネット上では、スマートフォンやパソコンなどの端末機器があれば、いつでもどこでも検索してその文書を発見することができる。情報にアクセスする容易性は、紙媒体とは比較にならない。また、情報拡散についても同様である。紙媒体を二次的に拡散しようとすればコピーなどの手間が必要となるが、インターネット上の情報はコピーや転載が容易であり、費用も手間もかからず、まさに指一本でできるのである。また、紙媒体であれば、保存には紙自体の保存のためのスペースや手間が必要であり、紙自体が失われれば情報も消失する。しかし、インターネットでは、もともとの記事を削除しても、指一本で、スクリーンショットなどで第三者が保存したり、あるいはミラーサイトが作成されるなど、より永続的に保存できる。そして、それらの情報はインターネットを通して再度拡散する可能性がある。

ツイッターなどのSNSは、閲覧者の反応が直接、しかも迅速に返ってくる媒体である。ブログ記事であればブログ記事をインターネットに上げた途端、閲覧者がコメントに書き込みができる状況が作られ、しかも実際に書き込みがなされるのである。閲覧者は、自分の手元にある端末でコメント欄に文章を書き込むことによりブログに「参加」することができる。ブログ記事作成者もコメント欄の反応を見て、記事のテーマを選択したり、内容を工夫したりできるという相互作用も生まれる。

このようなインターネットメディアの特性を利用した李信恵さんへの攻撃の集中には、すさまじいものがあった。

保守速報の李信恵さんに関する45個のブログ記事に付いたコメントの総計は2万1035個、1ブログ記事あたり平均467個であった。

また、保守速報は、ツイッターやフェイスブックへの拡散ボタンを設置している。李信恵さんに関するブログ記事が拡散された回数は、ツイッターでは1万3979回、フェイスブックでは3519回であり、ブックマーク数は102個となっている（いずれも2013年秋頃の集計である）。これは拡散された数で、拡散の対象となっている人数は見当がつかない。ツイッターやフェイスブックにそれぞれ100人のフォロワーや「ともだち」がいるとすれば、170万人が閲覧する可能性が生ずるのである。

高意見書は、「ツイッターなどのソーシャル・メディアでの投稿を契機に嫌がらせや侮辱が殺到することを『炎上』と呼ぶが、原告は差別的嫌がらせによりたびたび『炎上』を経験している。こうした『炎上』の多くは、ツイッターやSNS等に端を発するが、こうした被害は『まとめブログ』に掲載することでいっそう大きくなる。『炎上』を煽る記事は他のソーシャル・メディアで盛んに『拡散』されるため、そのような記事を掲載する『まとめブログ』はより多くの閲覧者を獲得できる。被告『保守速報』が原告を誹謗中傷する記事を繰り返し掲載してきたのは、その閲覧者たちによる非難や嫌がらせが原告に殺到することを期待してのことであると考えられる」と保守速報の悪質性を指摘する。そして、「こうした『炎上』の標的の心理的苦痛は甚大であり、自殺に至る場合もある」[39]としている。

実際に、李信恵さんは、保守速報というまとめサイトの存在を知ったのは、ツイッターの自分宛てのメンションに不特定多数の人が保守速報のURLを貼り付けて送ってきたからである。

李信恵さんにとって、インターネット上の被害としてとりわけ重大だったのは、保守速報のブログ記事により自分の容姿が不特定多数の人に知られたことであった。そもそも、李信恵さんには、保守速報の管理人はどの誰かもわからなかった。また、保守速報に煽られて自分に来た大量のメンションも、ブログ記事にコメントを残した人も、保守速報のブログ記事を拡散している人も、すべて匿名であり、誰が自分に対して憎悪を持っているのかもわからない状態であった。

保守速報の継続的なブログ記事により李信恵さんの日常生活は一変した。タクシーに乗るときも警戒して、自分の家の近くまで乗らないようにした。自宅に帰るにも、駅を変えたり、また、同じ道を通らないように工夫をした。夜道を歩くときは、必ず友人と歩くようになった。友人も心配して、家まで送るようになった。

高意見書は、「①被告による行為は、広く共有されている在日韓国・朝鮮人へのネガティブな態度を後ろ盾に原告個人を侮辱・中傷するものであるため、通常の誹謗中傷以上に名誉や感情を著しく傷つけるものであること、②このように偏見・差別が広く共有される事態そのものの形成に、被告『保守速報』が大きな役割を果たしてきたことを考慮する必要がある」[40]として裁判所に保守速報の行為を正当に評価するように述べる。

李信恵さんが受けた傷は複合差別によるものであること、また、それがインターネットを通してなされたことで、何十倍にも深くなったのである。

認められた複合差別

大阪地裁は、2016年9月27日に在特会らに対して、李信恵さんに対して77万円を支払えという判決を言い渡した。しかし、判決理由には、女性差別も複合差別も入っていなかった。そのため、李信恵さんは大阪高裁へ控訴した。大阪高裁は、判決理由中で、李信恵さんに対する在特会らの行為は、女性差別、複合差別であると認定した。これは、2017年11月29日に最高裁で確定した。[41]また、対保守速報の裁判も、2017年11月16日に判決が出た。保守速報は李信恵さんに対して200万円を支払えという内容で、李信恵さんの勝訴だった。[42]

在特会に対する第一審地裁判決では、裁判所は、人種差別撤廃条約の趣旨に反する意図を持って行なわれており慰謝料の額の算定において考慮すべきであると述べたが、女性差別についてはまったく触れられなかった。まさに、民族差別とともに行われた女性差別が後景化したのである。李信恵さんは、第一審において女性差別が認められなかったことを不服として控訴した。

この控訴審の大阪高裁判決は、「一審原告が女性であることに着目し、その容姿等に関して貶める表現を用いて行われており、女性差別との複合差別に当たる」と述べ、司法で初めて複合差別との認定をした。この判決で、民族差別とともに行われた女性差別が前景化したのである。さらに、この後の対保守速報の裁判で、大阪地裁は、「特に、本件においては、複合差別に根ざした表現が繰り返された点も考慮すべきである」として、あっさりと複合差別に言及した。大阪高裁の先例があったことで地裁は安心して複合差別を認めたと思う。

民族差別と女性差別との両方が行われる場合、女性差別が後景化するという複合差別の第3の特徴は、両判決が女性差別と複合差別を認めたことで克服された。

これらの判決が認めた複合差別の内容は、第2の特徴である民族的マイノリティ女性に対して攻撃が集中した点ではなく、「ブス」、「ババア」など、女性への罵倒に係る表現、「相手が男性なら、こんな言い方はしない。ここまで言わない」という点への評価であった。

この意味での女性差別については、徳島県教組襲撃事件[43]でも判断された。これは、当時の在特会らのメンバーらが、当時の徳島県教職員組合の事務所を襲撃して、書記長の女性に対し「ババア」、「メンタ」、「募金詐欺」などの暴言を浴びせた事件である。この襲撃は、四国朝鮮学校への寄付を口実として行われたため、被害女性は民族差別と女性差別の交差であり、複合差別だと主張した。[44] しかし、高松高裁判決は、これらの女性を侮辱する発言は「女性の尊厳を著しく傷つける」と表現するにとどまった。この判決では「女性の尊厳を著しく傷つける」がどのような内実をもつのか明確ではなかった。女性差別との判断がなければ、女性差別と民族差別との関係を論ずることができず、複合差別を論ずる前提に欠けた。

しかし、李信恵さんの両裁判では、容姿や年齢への侮辱が女性差別であるとの判断がなされ、それを前提として、複合差別という概念へと架橋したのである。

大阪高裁判決は、在特会らが行なった李信恵さんへの攻撃が女性差別、複合差別に当たると述べたが、その内容がどのようなものかについて詳細な判断はしていない。

しかし、保守速報の判決では、女性差別に当たる内容が詳細に認定された。それは以下の通りである。

まず、「『雌チョン』、『クソアマ』という表現は、『原告のことを女性に対する侮辱的な意味を含む言葉を使用して表現しており、原告が女性であることを揶揄するもの』としている。

また、判決は、「『ババア』『BBA』など高齢の女性に対する侮辱の意味を有すると解される表現を使用している」こと、『年中更年期障害みたいなもんだろ』という表現は、原告が中年以降の年齢に達した女性であることを揶揄しているものというべき」としている。

さらに、「ブス」、「ブサイク」など「容姿が劣るという意味と解される表現」、「鏡見ろ」、「醜い」、「モアイ」等の表現、また李信恵さんの似顔絵などは「原告の容姿が劣っているかのような明示又は暗示をしている。これらはいずれも原告の容姿を揶揄するものである」とする。

そして、判決は「これらは原告が女性であることに着目した表現がされていること、ブログ記事内における当該表現の位置づけ、前後のレスとの関係等に照らせば、原告が女性であることを理由に、原告の性別、年齢、容姿等をことさらに侮辱するもの」だとした。

まとめサイトによる名誉毀損も認める

李信恵さんの保守速報に対する訴訟では、すでに公開されているインターネット上の名誉毀損、侮辱が新たに李信恵さんの人格権を侵害するのか、その程度はどのようなものかが焦点となった。

大阪地裁判決は、まとめサイトについて「被告による表題の作成、情報量の圧縮、レス又は返答ツイートの並べ替え、表記文字の強調といった行為により、本件各ブログ記事は、引用元の投稿を閲覧する場合と比較すると、記載内容を容易に、かつ効果的に把握することができるようになった」とした。

また、「本件各ブログ記事は、インターネットという不特定多数の者が瞬時に閲覧可能な媒体に掲載されたことに加えて、証拠によれば、ブログ記事（21）及び（26）については掲載から約1週間で約400～600のコメントが寄せられており、保守速報には相当数の読者がいると認められることなどに鑑みると、本件各ブログ記事の内容は、2ちゃんねるのスレッド又は原告のツイッターの読者以外にも広く知られたものになったといえる。本件各ブログ記事の掲載は、引用元の2ちゃんねるのスレッド等とは異なる新たな意味合いを有するに至ったというべきである」としている。

ここでは、保守速報が2ちゃんねるとは別個の新たな文書かという点には言及されておらず、掲載元の2ちゃんねるの各転載部分が読みやすくなったこと、また新たな読者を獲得したことなどで、「新たな意味合い」が生じたと述べている。この判決では、元の2ちゃんねるとブログ記事の関係は明確とはならず、引用元の2ちゃんねるの書き込みに新たな意味が付加されたともとれる。

他方で大阪高裁判決は、保守速報が、原告の名誉を毀損し、侮辱し、人種差別及び女性差別を行なう目的をも有していたと認めた。それは、私たちが主張していた「編集意図」と切り離せないものであったと考えられる。

また、判決は李信恵さんの損害を論じる中で、「侮辱、人種差別及び女性差別に係る表現は侮辱的又は不穏当な表現を繰り返し用いて、原告の精神状態、知的能力、人種、性別、年齢、容姿等を揶揄してその人格を攻撃し、原告を日本の地域社会から排除することを扇動するものであるから、当該表現が原告の名誉感情、生活の平穏及び女性としての尊厳を害した程度は甚だしいものと認められる。特に、本件においては、複合差別に根ざした表現が繰り返された点も考慮すべきである」とした。また、損害額を認定するにあたって、「前記各ブログ記事の数や内容からすれば、原告は、被告の不法行為により、不安に陥り、多大な精神的苦痛を被ったことが認められる」としている。

ここでは、人種差別が少数者を日本の地域から排除することを扇動するものであること、そしてこのような差別が、李信恵さんの生活の平穏を侵害し、それが繰り返しインターネットを通じて行われることで、李信恵さんを不安に陥れていると述べたことも重要である。

「日本の地域から排除することを扇動」するという文言は、「本邦外出身者に対する不当な差別的言動の解消に向けた取組の推進に関する法律（ヘイトスピーチ解消法）」の前文にある。この裁判は、2016年5月24日、ヘイトスピーチ解消法が成立したことが大きな意味を持ったと思う。路上で反ヘイト活動をしてきた人たちは、国会議員と繋がってヘイトスピーチ解消法を成立させた。そして、保守速報に対する裁判では、李信恵さんへの攻撃が在日朝鮮人であることを理由とした侮辱や日本の地域社会から排除することを扇動するものであって、差別的言動解消法（ヘイトスピーチ対策法）１条及び２条に反する人種差別にあたると判断したのである。朝鮮学校襲撃事件の後、路上でヘイトスピーチへの抵抗が起こり、それが立法に結びつき、さらに司法の場に還流した。この流れがさらに大きくなるだろう。

また、大阪地裁の判決で述べられた、人種差別が生活の平穏を害したり、不安を生じさせるという内容も大切だろう。

これより以前、在日韓国朝鮮人が集住する川崎、桜本地区で「行動する保守」の活動家らは、ヘイトデモと街宣を繰り返し行ってきた。ここでも、ヘイトスピーチに対抗するため市民が路上で反ヘイト活動を続けてきた。このような状況の中で、地域の在日韓国・朝鮮人らの居場所を作るなど民族差別解消・撤廃に向けて取り組んできた社会福祉法人が、ヘイトデモの禁止を求めてヘイトデモ禁止仮処分を申し立てた事件[45]がある。裁判所は、この決定の中で被保全権利（仮処分で守られるべき権利）として、在日韓国・朝鮮人が、「専ら本邦の域外にある国又は地域の出身であることを理由として差別され、本邦の地域社会から排除されることのない権利は、本邦の地域社会内の生活の基盤である住居において平穏に生活し、人格を形成しつつ、自由に活動し、名誉、信用を獲得し、これを保持するのに必要となる基礎を成すものであり、上記の人格権を共有するための前提になるものとして、強く保護されるべきである」と述べた。この決定は、生活の基盤である住居において平穏に生活する権利が、人格権の前提であるとした。

これに続く李信恵さんの対保守速報の大阪地裁判決も、保守速報のヘイトスピーチが「平穏な生活」を侵害するとしている。在日朝鮮人女性である李信恵さんは、実際にヘイトスピーチの標的となり、「日常生活が戦場」となった。大阪地裁判決は、ヘイトスピーチによって、生活の平穏が侵害されること、日常的にその「不安」と向き合わざるを得ないことを正しく評価したものだ。

反ヘイトスピーチ運動は、多くの市民に支えられ、立法も、司法も少しずつ前進してきた。李信恵さんの裁判の判決もこれらの運動の成果の上に立つものだ。この判決が出るまでに数多くの市民の反ヘイトの活動があった。この判決は反ヘイト運動の流れの中にある。そして、これからの反ヘイト運動の礎になることを期待する。

1 提訴当時は、掲示板名は「2ちゃんねる」だったが、現在は「5ちゃんねる」となっている。

2 提訴当時は会長だったが、現在は会長職を降りている。表記は、元会長に統一する。

3 人種差別撤廃委員会・一般的勧告25「人種差別のジェンダーに関係する側面に関する一般的な性格を有する勧告25」（反差別国際運動日本委員会 IMADR 翻訳：村上正直） パラ1。パラは「パラグラフ」の略。

4 女性差別撤廃委員会・一般的勧告28「女子差別撤廃条約第2条に基づく締約国の主要義務」 パラ18

5 女子差別撤廃条約第6回報告書に対する委員会最終見解（日弁連HPより）

6 前掲見解 パラ51

7 前掲見解 パラ52

8 元百合子意見書「在日朝鮮人女性に対する複合差別としてのヘイト・スピーチ」 57頁

9 鄭瑛惠意見書 2頁。現在、未公開。

10 元百合子意見書「在日朝鮮人女性に対する複合差別としてのヘイト・スピーチ」 59頁

11 前掲書 60頁

12 元百合子意見書

13 李信恵さんのブログ記事が書かれた期間での比較である。

14 前田朗意見書「国際人権法における差別とヘイト・スピーチの禁止」https://ux.getuploader.com/rindashien/download/2/ 前田朗「国際人権法における差別とヘイト・スピーチの禁止」.pdf

15 鄭瑛惠意見書 4頁

16 鄭瑛惠意見書 5頁

17 原告尋問調書 被害の実態を明らかにするため、李信恵さんの了解を得て、あえて記載したものである。

18 元百合子意見書「在日朝鮮人女性に対する複合差別としてのヘイト・スピーチ」 58頁

19 鄭瑛惠意見書 1頁

20 日本の第7回及び第8回合同定期報告に関する最終見解（外務省仮訳）

21 前掲見解 パラ46

22 前掲見解 パラ12

23 前掲見解 パラ20

24　日本政府に対し「(d) アイヌの女性、同和地区の女性、在日韓国・朝鮮人の女性などの民族的及びその他のマイノリティ女性や移民女性に対する攻撃を含む、民族的優越性又は憎悪を主張する性差別的な発言や宣伝を禁止し、制裁を課す法整備を行うこと」「(e) 差別的な固定観念及びアイヌの女性、同和地区の女性、在日韓国・朝鮮人の女性や移民女性に対する偏見を解消するために取られた措置の効果について独立した専門機関を通じて定期的に監視及び評価すること」を要請している（パラ21）。（なお、第7回・第8回日本政府報告書審査に対する最終見解では、女性差別撤廃委員会は、日本政府に対してパラ21（d）（e）について2年以内にフォローアップをするよう要請している。）

25　柏原勤「『2ちゃんねるスレッドまとめブログ』によるニュース・コミュニケーションに関する一考察」『哲学第128集』三田哲學会

26　前掲書　226頁

27　高史明意見書（保守速報に関する意見書）　2頁

28　柏原勤「『2ちゃんねるスレッドまとめブログ』によるニュース・コミュニケーションに関する一考察」『哲学第128集』三田哲學会　210頁

29〜30　前掲書　218頁

31　櫻庭太一「インターネットコミュニティのコンテンツ発信の変容について試論　―『2ちゃんねる』および『2ちゃんねるまとめサイト』の現状から―」『専修国文　第95号』

32　前掲書　118頁

33　前掲書　122〜123頁

34　前掲書　123頁

35　前掲書　128頁

36　高史明意見書（保守速報に関する意見書）　2頁

37〜38　前掲書　4頁

39　前掲書　5頁

40　前掲書　4頁

41　大阪高判平成29年6月19日　平成28年（ネ）第2767号　損害賠償、同反訴請求控訴事件（原審・大阪地方裁判所平成26年（ワ）第7681号、同平成27年（ワ）第5836号）

42　大阪地判平成29年11月16日　平成26年（ワ）第７６８５号　損害賠償請求事件

43　高松高判平成28年４月25日　平成27年（ネ）第１４４号、第２５４号　損害賠償請求控訴、同附帯控訴事件（原審・徳島地方裁判所平成25年（ワ）第２８２号）

44　徳島県教組襲撃事件では、在特会ら徳島県教組への襲撃が民族差別だと認定された。これは、在日韓国・朝鮮人ではなく、それを支援する第三者への攻撃も、民族差別に当たるとした画期的な判決であった。判決は、在特会らが県教組を攻撃したのは四国朝鮮学校への支援を萎縮させる目的であり、これも民族差別に当たるとしたのである。

45　横浜地裁川崎支部　平成28年６月２日決定（平成28年（ヨ）第42号　ヘイトデモ禁止仮処分命令申立事件）。

第6章

これからの課題

複合差別判決の射程と課題

李信恵さんの2つの判決は、李信恵さんに対する罵倒行為が民族差別と女性差別の複合差別だと判断した。

複合差別の射程は、在日韓国・朝鮮人差別と女性差別の交差的な形態に限らない。女性差別撤廃委員会が指摘するように、日本には「アイヌの女性、同和地区の女性、在日韓国・朝鮮人の女性などの先住民族や民族的マイノリティの女性とともに障害のある女性、ＬＢＴの女性及び移民女性」など複合的・交差的差別を経験している女性のグループがある。この判決が、彼女らに援用できる先例となってほしい。

また、複合差別は女性のグループだけではない。在日韓国・朝鮮人の障がい者、部落やアイヌの障がい者も、また複合差別を受けている可能性がある。[2]

そして、複合差別のかたちはヘイトスピーチに限らない。例えば、企業の中で障がいのある女性が執拗なセクハラを受けたりすること、外国人女性がＤＶの犠牲になることなど、職場や家庭が複合差別の現場になることもある。この判決が、マイノリティの中でもさらに押し込められた立場の人たちに生かされることが、判決に生命力を与えるのだと思う。

また、これをきっかけとして政府が複合差別に関して調査を行なうように願う。女性差別撤廃委員会は、第5回及び第6回政府報告書への最終見解で、２００６年には、すでに、日本政府に対して複合差別の実態調査をするように勧告している。[3] これは、やがて立法へと結びつく基礎となる調査になると考える。

現在、条例で複合差別が書き込まれているのは、障がいをもつ女性のグループである。例えば、「京都府障害のある人もない人も共にいきいき暮らしていけるまちづくり条例」では、基本理念に、「（４）全て障害者は、障害のある女性が障害及び性別による複合的な原因により特に困難な状況に置かれている場合等、その性別、年齢等による複合的な原因により特に困難な状況に置かれる場合においては、その状況に応じた適切な配慮がなされること」と複合差別に言及している。条例にとどまらず、法律につなげたい。

複合差別の実態調査と研究の状況

私たちが、民族差別、女性差別との複合差別を主張・立証しようとしたとき、複合差別に関する社会調査の資料が必要だった。複合差別はどのような形でなされるのか、また、どのように被害が深刻なのかという点での量的調査である。

しかし、準備書面を書いていた時点では、そもそもヘイトスピーチの被害の実態調査すら少なかった。私たちが引用したヘイトスピーチでの被害の実態調査は、「生野区における『ヘイトスピーチ被害の実態調査』最終報告」（2015年1月29日）[4]と「在日コリアンに対するヘイト・スピーチ被害実態調査報告書」（2014年11月）だった。調査者は、いずれも当事者団体やそれと協力したNGOである。加害者に関する資料はこれより進んでおり、『ネットと愛国　在特会の『闇』を追いかけて』[6]『奥さまは愛国』[7]等のルポルタージュがあり、2014年2月には『日本型排外主義――在特会・外国人参政権・東アジア地政学』[8]、2015年9月には『レイシズムを解剖する　在日コリアンへの偏見とインターネット』[9]などの専門書が出版されていた。

ヘイトスピーチ、レイシズムには加害者と同時に被害者がいるはずなのに、それが着目されにくい。これは、差別される側が可視化されにくいことの一つの表れだと思う。鄭暎惠意見書では、この点に触れられている。鄭氏は「ヘイトスピーチ問題においては、加害者側にまず関心が向けられ、次に『表現の自由』問題が優先され、被害者の存在が後景に置かれてきた」「もしかしたら『朝鮮人』『外国人』に限らず、マジョリティにとっては『自分でなくてよかった』と思える誰かであればよかったのかもしれない」[10]と指摘する。民族的マジョリティは、マジョリティの中の「変異」がどうして起きたのかに目が奪われがちになる。鄭意見書には、厳しい意見が書かれているが、私たちはこれに耳を傾けなければいけない。

私たちが必要としたのは、ヘイトスピーチの中で、在日韓国・朝鮮人女性に被害が集中すること、そして彼女らの被害が深刻なことであった。それには、日本人男性、日本人女性、在日韓国・朝鮮人男性、在日韓国・朝鮮人女性を比較した実態調査が必要だ。しかし、そのような調査結果や分析は、まだ目にしない。

また、在日韓国・朝鮮人にとっては、ヘイトスピーチを浴びることは、過去のトラウマを経験することに繋がる。それは、個人的体験であることもあり、また、民族の受けてきた集合的な体験であることもある。ヘイトスピーチを聞いたときに、「もしかしたら殺されるかもしれない」という不安が生じるのは、関東大震災のときの朝鮮人大虐殺などの歴史的経験があるからで、実際そのように言う人もいる。

このことは、国際人権NGOヒューマンライツ・ナウの「在日コリアンに対するヘイト・スピーチ被害実態調査報告書」でも、「聞取りに応じてくれた人たちは、共通して、不特定多数に向けられたヘイト・スピーチを、まさに自分に向けられているものと感じ、強い恐怖を抱いた」とまとめている。

このような歴史的経験や過去の体験とをつなぎ合わせることができれば、ヘイトスピーチの被害の深刻さが浮き彫りになると思う。

在日韓国・朝鮮人と日本人マジョリティを自認する人々は、分断された世界を生きており、その分断を埋める知的作業が不可欠である。

賠償額は十分だったか

在特会に対する大阪地裁判決は、李信恵さんに対する在特会らの行為は「民族差別であり損害額は考慮されるべきである」とし、77万円の賠償額を認めた。控訴審の大阪高裁判決は、李信恵さんに対する桜井元会長の行為は民族差別と女性差別との複合差別であるとしながらも、賠償金額は増額されないまま確定した。また、保守速報は、1年にわたって45本のブログ記事により執拗な複合差別をしたが、賠償金額は200万円である。

人種差別撤廃条約6条は、「締約国は、自国の管轄の下にあるすべての者に対し、権限のある自国の裁判所（中略）を通じて、この条約に反して人権及び基本的自由を侵害するあらゆる人種差別の行為に対する効果的な保護及び救済措置を確保し、並びにその差別の結果として被ったあらゆる損害に対し、公正かつ適正な賠償又は救済を当該裁判所に求める権利」があるとしている。また、国連女性差別撤廃条約は第2条「（c） 女子の権利の法的な保護を男子との平等を基礎として確立し、かつ、権限のある自国の裁判所その他の公の機関を通じて差別となるいかなる行為からも女子を効果的に保護することを確保」するとしている。

判決で示された77万円、２００万円という金額は、「公正かつ適切な賠償」、「効果的な保護」として十分だろうか。

当然ではあるが、損害賠償の金額は李信恵さんの苦痛を補償するものでないといけない。とりわけ保守速報管理人が李信恵さんにした行為によって李信恵さんには身体的症状がでてきたり、生活の平穏まで害されるに至っている。このような精神的苦痛は、李信恵さんが大切にしていた民族的アイデンティティに「死」をもたらした。自分の一部が殺されているのだ。被害者にとって、勝訴判決が出ることは尊厳の回復のため重要である。それとともに、賠償金額は、被害の程度を量るバロメーターでもある。これが低額であれば、被害者は自分の苦痛を低く見積もられたと思うだろう。また、被害回復を司法に訴えたくても、訴訟に伴う精神的負担・経済的負担を考えると、なかなか訴訟まで踏み切ることができない。

裁判所は、精神的損害を低く見積もる傾向にあるが、人は、精神と肉体とで存在する生きものである。司法は、高額の損害賠償を認めて、複合差別の被害者の被害回復をはかってほしい。

インターネットの課題——レイシズムの拡散を防ぐ

対保守速報裁判で、裁判所はまとめサイトが2ちゃんねるの書き込みを転載したことも新たに権利侵害になるとの判断をした。

現在、多くの「保守系」のまとめサイトが存在しており、その中でヘイトスピーチが蔓延している状況がある。レイシズムとインターネットとの関連の分析を行なった高史明氏は、「これらのブログの多くでは管理者はアクセス数や広告のクリック数に応じた収入が得られるため、より扇情的な記事に編集しアクセス数を増やす動機が存在する。こうしたブログでは、コリアン（在日とは限らない）の情報はより凝縮され、またブログの性質にもよるが、多くのブログでは、レイシズムに賛同する人が圧倒的多数であるかのようにして提示され」、これが「少なくとも大学生世代において、2ちゃんねるまとめブログがレイシズムへの大きな動線になっている可能性が示唆された」[11]としている。また、2ちゃんねるまとめブログの利用率は、2ちゃんねるのそれを上回り、4人に1人（ただし大学生）にのぼり、「こうしたサイトの利用が、レイシズムの蔓延に拍車をかけている可能性には、十分警戒しなければならない」と、2ちゃんねるまとめブログとレイシズムとの関連を示唆している。[12]

この点で、大阪地裁判決が、保守速報の「転載したのみで新たな権利侵害はない」という主張を排斥した意味は大きい。保守速報は、2ちゃんねるまとめサイトブログの典型であり、他の2ちゃんねるまとめサイトに及ぼす影響もある。まとめるだけでは新たな権利侵害にならないというのは、まとめる側の論理で、これを認めればすでに貶められている対象であれば、さらに貶める行為をしても責任に問われないということにならないか。実際、すでにインターネット上にあげられている書き込みをまとめるだけだから、損害賠償などのリスクはないと書かれた書籍を目にしたこともある。しかし、大阪地裁の判断は、まとめる側も損害賠償から逃れられない場合があると判断した。2ちゃんねるまとめブログが、レイシズムの苗床となっている可能性がある現状で、「保守系」まとめブログの管理者が法的責任を問われたという事実は、ヘイトスピーチの抑制に繋がるのではないかと思う。紙媒体やテレビなどの媒体で何かを主張するときにはそれなりのコストがかかるのに比較して、2ちゃんねるまとめブログはコストがかからないため、誰でも、いつでもまとめができる。このことが2ちゃんねるまとめブログが多く作成される理由だと考えると、2ちゃんねるまとめブログが、損害賠償という「コスト」を負う可能性があると判決で示されたことは大切だと思う。

2ちゃんねるまとめブログが、メディアとしての機能を果たすようになってきているという先の櫻庭論文の内容からも、「保守系」2ちゃんねるまとめブログが、過激なヘイトスピーチを行なわないようにすることも重要なのである。また、現在、ネット上では「NAVERまとめ」や「Togetter」など、個人が簡単にまとめを作成できるアイテムが存在する。今後、このようなまとめにも損害賠償請求が広がる可能性もある。

保守速報らを提訴した直後に、李信恵さんと私は外国特派員協会で記者会見をしたが、この際、イタリアの記者から保守速報に広告を出しているのはどのような企業か、との質問を受けた。そのときに私は初めて、保守速報のブログ記事を作成した人だけでなく、広告を出す側もヘイトスピーチから利益を受けていることに気づき、海外では広告主の責任を問うことがごく普通なのではないかと感じた。

李信恵さんの裁判の場合、被告を保守速報の管理者とした。しかし、責任を問われるべき人たちは、ブログ管理者だけでいいのだろうか。2ちゃんねるまとめサイトはヘイトスピーチの苗床になっているが、このようなヘイトスピーチを読者に媒介するのはブログサービスの運営会社である。また、そのようなブログにアクセスする多数の者を対象にして広告を配信するアフィリエイトサービスプロバイダー（仲介業者のようなもの）があり、そこに広告を依頼する広告主がいる。

まず、ブログサービスの提供事業者であるが、彼らのサービスがなければ2ちゃんねるまとめサイトは手軽にブログ記事を作成することはできない。また、この事情は、ＳＮＳの運営会社も同様である。書籍や雑誌として流通する紙媒体であれば、専門的な編集というチェックが加わり、ある程度の抑制が存在する（もちろん、「嫌韓本」などの書籍があるが、全体の書籍の数から見れば少数だろう）。これに比べ、ブログサービスの提供事業社、ＳＮＳの運営会社は、自分たちが情報の媒体であるとの自覚に乏しいように思う。これらの運営会社も、倫理規定、ガイドライン等の自律的な規範をもっていることも多い。それにもかかわらず、ヘイトスピーチにあたる旨を通報されても速やかに対応しない場合も多い。確かに、膨大なブログや投稿の中からヘイトスピーチを探し出すことは難しい側面がある。しかし、権利侵害などの通報があった場合に速やかかつ適正な判断をして削除などの対応をすることは、そのシステムによって利益を上げる者が負担するべきコストではないかと思う。

また、アフィリエイトとは、インターネット上の成功報酬型広告という広告形態で、ブログ記事内にバナー広告を貼り広告効果に応じた報酬を受ける仕組みをいう。このバナー広告は、ブログに自動表示されるものもあるが、保守速報管理人は、自分のブログに10個以上のバナー広告を貼っていた。そこから保守速報管理人が得ている広告収入がどれほどのものかわからないが（私たちは、裁判所に対して収入金額を明らかにするため調査嘱託を申し立てたが認められなかった）、アクセス数からいって相当程度の収入を得ていることは想像がつく。実際、保守速報側も広告収入を得ていることを認めていた。

このようにインターネット上のヘイトスピーチが利益を生む構造の中で、ヘイトスピーチを抑制しようと思えば、その構造を変えなければならない。アフィリエイトサービスプロバイダーは、保守速報などのアフィリエイターを拒絶することができる。アフィリエイトサービスプロバイダーに対する法的手段を検討してもいいように思う。広告主も、自分たちの広告が、どのような記事に貼られているのか注意をしてほしいと思う。広告主が支払った金銭が、アフィリエイトプロバイダーを介してブログ主に流れ込むのである。広告主は、アフィリエイトプロバイダーを選ぶことができる。ヘイトスピーチが利益を生む構造を変化させるきっかけを提供できるのである。最近、エプソンなどの企業が「コミュニケーション活動の中立性維持の観点」等の理由で、保守速報への広告出稿を相次いで取りやめている。この動きに注目したい。

ヘイトスピーチを問う裁判の限界

これまで私がかかわってきたヘイトスピーチに関する裁判は、朝鮮学校襲撃事件、徳島県教組襲撃事件、李信恵さんの事件２つの合計４件である。これらが裁判所に提訴できたのは、個人が標的になったからである。現行の法律上では、名誉毀損も侮辱も、個人の社会的評価の低下や名誉感情を害するものであり個人の権利や利益の侵害を要件としている。言い換えれば、「朝鮮人は皆殺し」とインターネットや街頭宣伝やデモで扇動しても、そこに「個人の人権侵害」がなければ刑事訴訟や民事訴訟の法的手段はとれない。

例えば、京都朝鮮学校襲撃事件の裁判の場合には、名誉毀損と業務妨害があって、その上で在特会らや保守速報管理人の悪質性として、人種差別を問えたのだった。朝鮮学校襲撃事件の判決文は「一定の集団に属する者の全体に対する人種差別発言が行われた場合に、個人に具体的な損害が生じていないにもかかわらず、人種差別行為がされたというだけで、裁判所が、当該行為を民法７０９条の不法行為に該当するものと解釈し、行為者に対し、一定の集団に属する者への賠償金の支払を命じるようなことは、不法行為に関する民法の解釈を逸脱しているといわざるを得ず、新たな立法なしに行うことはできないものと解される。条約は憲法に優位するものではないところ、上記のような裁判を行うことは、憲法が定める三権分立原則に照らしても許されないもの」とはっきりと述べた。その後に続く裁判も、徳島県教組と書記長の女性、李信恵さんと、個人を標的にして、個人への名誉毀損があったから裁判ができたのである。

しかし、「朝鮮人は出ていけ」という言葉は、在日韓国・朝鮮人の人格権を侵害しないのか。「生野区における『ヘイトスピーチ被害の実態調査』最終報告」や「在日コリアンに対するヘイト・スピーチ被害実態調査報告書」でも、在日韓国・朝鮮人はヘイトスピーチが「自分に向けられている」言葉として受け取っている。そして、ヘイトスピーチ被害は、個人の特定がなくても存在する。ヘイトスピーチは、日常生活においても社会に対する恐怖感や不安感を植え付ける。実際に、私たちが電車に乗れるのも暗闇で映画が見られるのも、社会に対する信頼があるからである。しかし、ヘイトスピーチを身近で聞いたある在日韓国・朝鮮人の方は、外出のとき「行動保守運動」がネット上にあげているカレンダーを見てヘイトデモや街宣がないかを確認して家を出るように生活を変えざるを得なかった。このように、現実に「生活の平穏」が脅かされるなどの例も報告されている。[13] ヘイトスピーチにさらされるのは、顔面を殴打されるのと同様の痛みであり、かつ殴打されるよりもはるかに深くつらい傷となる。

現在の法律では、個人への名誉毀損や侮辱等を伴わないヘイトスピーチによる被害を法的な意味での被害とできない。

しかし、ヘイトスピーチを発するほうは、その個人を攻撃することで、在日韓国・朝鮮人やその支援者に対して、メッセージを発している。徳島県教組襲撃事件では、自分たちが気に入らない在日韓国・朝鮮人を支援する者は襲撃されるのだというメッセージ、李信恵さんであれば、自分たちに歯向かう者はこのように嫌がらせの対象になるのだというメッセージである。

ヘイトスピーチは特定個人を標的とした場合でも、その背後にある在日韓国・朝鮮人やその子孫全体を攻撃していると考えるほうが事実の素直な見方である。そのメッセージは、在日韓国・朝鮮人に「自分たちに向けられたもの」として受け取られているのである。在日韓国・朝鮮の人にとっては「朝鮮人は日本から出ていけ」といわれることと、特定の彼、彼女が在日韓国・朝鮮人ゆえに「日本から出ていけ」といわれることとに大きな差はない。しかし前者では民事訴訟でも刑事訴訟でも被害者は救済されない。被害の実態に鑑みると、個人の名誉毀損や侮辱を媒介としてしか法的責任を問えないとすることには違和感がある。

ヘイトスピーチの本質は、マイノリティの社会的排除を扇動することにあり、もっといえば、マイノリティへの支配・従属関係を再生産することにある。そこに焦点をあてた立法が必要である。ヘイトスピーチ対策法は、その一部の実現であるが、罰則規定も含めた法整備が必要ではないか。

訴訟の過程で、李信恵さんは、何度も訴訟記録に目を通すことになった。裁判はそれまでに傷ついた彼女の大きな負担となった。一旦被害を受けると、訴訟記録に目を通すたびに、繰り返し被害を再体験する。彼女は、打ち合わせに私の事務所に来るときには足が重くなったという。李信恵さんは、裁判所の口頭弁論期日にも一回も欠かさず出席したが、これも相当な負担だったと思う。

李信恵さんは、本名を明かして反ヘイトスピーチ訴訟をした。提訴したときには記者会見もして、マスコミはおおむね好意的な報道をしたと思う。しかし、提訴後、インターネットでは李信恵さんに対する苛烈な誹謗中傷が行なわれ、ツイッターでも多くの嫌がらせのメンション（返答）が返ってきたという。「抵抗する在日朝鮮人女性」ということもあって、ネットでの攻撃が集中したと思う。当事者が、長期にわたって嫌がらせを受けながら訴訟を続ける負担は大きい。

いつまで被害当事者が頑張らないといけないのか。これを考えると、さらなる法整備が必要と考える。

ヘイトスピーチは「表現の自由」か

司法で複合差別やヘイトスピーチに関する判決が積み重なってきても、依然として街中やインターネット上にはヘイトスピーチがあふれている。

ヘイトスピーチがなくならなければ、在日韓国・朝鮮人は被害を受け、生活への安心感、安全感は取り戻せない。川崎市、桜本地区から反差別のメッセージを積極的に発信していた崔江以子《チェカンイジャ》さんはインターネット上で集中攻撃を受けている。匿名のアカウントから執拗な攻撃を受け、「ナタを買ってくる予定。レイシストが刃物を買うから通報するように」などとツイッター上に書かれ、彼女は警察からの指導で子どもたちを守るために玄関を出たら離れて歩き、約束していた地域の祭りも銭湯も映画も一緒に行くことができなかったという。この件は、幸いなことに脅迫容疑で書類送検された。ヘイトスピーチを放置しておくと人種差別はエスカレートする。この間、インターネット上での呼びかけに応じて在日韓国・朝鮮人を支援する弁護士に対して大量の懲戒請求がされ、検察庁に対しても告発状が大量に送付された。差別を煽る呼びかけに応じて行動する一定層の人たちが生まれてきた。さらに、在日本朝鮮人総聯連合会と関係が深い金融機関に火をつけたり、同会本部に銃弾を撃ち込むなどの犯罪もあり、状況はヘイトスピーチからヘイトクライムへと移行している。ヘイトクライムがさらにはジェノサイド（大量殺害）に繋がっていくことは、私たちの歴史が証明している。

人種差別撤廃委員会は、人種差別撤廃条約に関して、一般的勧告35「ヘイトスピーチと闘う」（以下「一般的勧告35」という）を出した。この勧告は、２０１２年8月、世界的にもヘイトスピーチが吹き荒れている状況の中で出されたものである。

私たちの日本社会も、この一般的勧告と真摯に向き合う必要がある。

人種差別撤廃条約４条は「（ａ）人種的優越又は憎悪に基づく思想のあらゆる流布、人種差別の扇動、いかなる人種若しくは皮膚の色若しくは種族的出身を異にする人の集団に対するものであるかを問わずすべての暴力行為又はその行為の扇動及び人種主義に基づく活動に対する資金援助を含むいかなる援助の提供も、法律で処罰すべき犯罪であることを宣言すること。（ｂ）人種差別を助長し及び扇動する団体及び組織的宣伝活動その他のすべての宣伝活動を違法であるとして禁止するものとし、このような団体又は活動への参加が法律で処罰すべき犯罪であることを認めること」と規定している。

しかし、日本政府は４条（ａ）、（ｂ）について留保を付している。外務省が、その理由をホームページで公開している。以下に引用しよう。

「第４条（ａ）及び（ｂ）は、『人種的優越又は憎悪に基づくあらゆる思想の流布』、『人種差別の扇動』等につき、処罰立法措置をとることを義務づけるものです。これらは、様々な場面における様々な態様の行為を含む非常に広い概念ですので、そのすべてを刑罰法規をもって規制することについては、憲法の保障する集会、結社、表現の自由等を不当に制約することにならないか、文明評論、政治評論等の正当な言論を不当に萎縮させることにならないか、また、これらの概念を刑罰法規の構成要件として用いることについては、刑罰の対象となる行為とそうでないものとの境界がはっきりせず、罪刑法定主義に反することにならないかなどについて極めて慎重に検討する必要があります。我が国では、現行法上、名誉毀損や侮辱等具体的な法益侵害又はその侵害の危険性のある行為は、処罰の対象になっていますが、この条約第４条の定める処罰立法義務を不足なく履行することは以上の諸点等に照らし、憲法上の問題を生じるおそれがあります。このため、我が国としては憲法と抵触しない限度において、第４条の義務を履行する旨留保を付することにしたものです」[14]

外務省が述べる理由は、「人種差別の扇動」などの言葉が広すぎて表現の自由を不当に制約すること、刑罰の対象とならないものの境界が不明確で罪刑法定主義に反する可能性があるとするものだ。

日本政府は、表現の自由に多くの価値を置いており、表現の自由とヘイトスピーチに対する処罰規定は対立するという立場である。

確かに、戦前、表現の自由、内心の自由すら抑圧されてきた私たちの国で、表現の自由が何より大切だとすることは理解できる。

しかし、憲法13条には生命、自由及び幸福追求に対する国民の権利は「公共の福祉に反しない限り」最大限の尊重をするべきとされており、表現の自由も絶対的なものではない。

一般的勧告35も「表現の自由は、他者の権利と自由の破壊を意図するものであってはならず、そこでいう他者の権利には、平等および非差別の権利が含まれるのである」[15]とする。

一方で、一般的勧告35は、「人種主義的ヘイトスピーチから人びとを保護するということは、一方に表現の自由の権利を置き、他方に集団保護のための権利制限を置くといった単純な対立ではない。すなわち、本条約による保護を受ける権利を持つ個人および集団にも、表現の自由の権利と、その権利の行使において人種差別をうけない権利がある。ところが、人種主義的ヘイトスピーチは、犠牲者から自由なスピーチを奪いかねないのである」[16]と述べる。

ここでは、ヘイトスピーチの規制が表現の自由を制約するという単純な対立ではないこと、マイノリティにも差別されることなく表現する自由が保障されているが、ヘイトスピーチは、マイノリティから表現の自由を奪う可能性があると指摘している。

「生野区における『ヘイトスピーチ被害の実態調査』最終報告」の自由記載欄には「在日であることをプロフィールに書いたことでまったく知らない匿名の人からSNS上で『チョンを殺したい』『震災の被災地で鮮人が火事場泥棒している』とかいわれることが増えた。話して理解する気のある相手ではなく、困惑した」、「ツイッターなどの匿名メディアでは毎日毎日友人たちが、匿名の差別的な発言で粘着質に侮辱してくるアカウントに苦しめられている。それらを見ていても、自分はスパム報告（これも数が多すぎて手に負えないが）くらいしかできず、無力感でいっぱいになって自分のツイッターアカウントを消してしまった」、「ちょっとした情報収集で掲示板等を眺めていると、突然、前後の文脈とまったく何の関係もないような形で『韓国人は～』『朝鮮人は～』、あるいは『チョン』などの差別語を頻繁に目にする様になりました。（中略）ある時から、それら地域情報の掲示板をのぞくことすら嫌になり、止めました。便利で有益な情報が掲載されている掲示板が、ヘイトのせいで利用できなくなったのは、とても残念であると同時に、情報を得る権利が不当に奪われてしまった」等の声が寄せられている。

表現の自由が重要というのであれば、マイノリティの表現の自由も同様に保障されなければならない。

表現の自由が重要な価値があるとされる理由は、「自己実現の価値」、「自己統治の価値」があるからとされる。自己実現の価値とは、個人の人格の形成と展開にとって不可欠であること、自己統治の価値とは、立憲民主主義の維持運営にとって不可欠であるという意味である。

在日韓国・朝鮮人が、自らの意見を公表しようとしても、ヘイトスピーチの標的となれば、恐怖から、あるいは煩わしさから黙ってしまうことになる。その人たちの自己実現はどうなってしまうのだろう。また、多様な民意を反映するということが、立憲民主主義の基礎でもある。しかし、少数者の声がまったく聞こえないようであれば、立憲民主主義は、絵に描いた餅になってしまう。少数者が、必要な情報に接し、他者と自由に意見を交換する中で自分の考えを検証したり確認したりする中で人格を発展させ、また、必要な政治的な主張をする社会が豊かな社会である。しかし、ヘイトスピーチが蔓延する社会では、在日韓国・朝鮮人の言論は、すでに事実上「萎縮」させられてしまっている。

私が司法試験の受験勉強をしているころ、表現の自由について「情報の寡占化」ということが言われていた。これは、マスメディアの巨大化・寡占化に伴って、市民との間に対立構造が生じ、とりわけ放送メディアは設備とコストがかかるため市民はこれに参入できず「受け手」側に分離・固定化するようになったとする議論である。ここでは、情報の発信者において強者と弱者が存在することを前提としている。これは、発信主体の発信力とそれに伴う影響力を問題としているのである。放送法は、テレビ放送について「公共の福祉」に合致するように、4条で放送の内容の政治的公平や多角的視点を求めているが、これはテレビ放送の発信力の大きさから許容される制約である（なお、現在、安倍首相は、この4条の撤廃を検討している）。

表現の自由において、表現の強者と弱者が存在するという視点は、大切である。

インターネットにより、個人の意見が発信できるようになって、マスメディアによる「情報の寡占化」という状態は相対的に緩和された。しかしこの状況は、同時に新たな強者と弱者を作り出したように見える。

インターネットの発達と普及により個人が低額のコストで自分の意見を発信できるようになったし、インターネット上では、個人の発信が平等に保障されるように見える。しかし、その実、社会の中におけるマジョリティとマイノリティの対等でない力関係は、インターネット上にそのまま反映されることとなった。このむき出しの力関係の中でヘイトスピーチが蔓延したのである。マイノリティには、発言の機会はもちろん、SNSでのアカウントを作ることすら困難な状況が生じている（ただし、日本人と比較する客観的・統計的調査はなく、専ら筆者の得た知識に基づくものである)。

また、「表現の自由」のなかで、「思想の自由市場」ということがよく言われる。これは1919年のアメリカでホームズ裁判官が「真理の最上のテストは、市場の競争において自らを受け容れさせる思想の力である」と述べたことがその典型である。これは、経済市場に例えるとわかりやすい。すべての商品(思想)が市場に出ることで、競争により淘汰され、究極の善が達成されるというのである。しかし、インターネット上の「思想の自由市場」の中では、社会的な力関係を反映して力のあるマジョリティが市場を支配している。表現の自由は、相手方の存在を認めることが出発点である。しかし、「朝鮮人は死ね」「日本から出ていけ」という言葉は相手の存在すら否定している。そして、マイノリティの言論は萎縮してインターネット市場に参加することすら困難である。また、「思想の自由市場」での競争は、専ら言論を戦わせて競争することにあるといえよう。しかし、「ゴキブリ」といわれた在日韓国・朝鮮人は、自分が「ゴキブリ」でないことを主張するべきだと言うのだろうか。インターネット上の「思想の自由市場」は、「真実」や「究極の善」に到達するとはとうてい思えない。私が受験生のときに使っていた佐藤幸治氏の教科書『憲法』は、この自由市場論については、「真理は究極において勝利する保障はあるのかといった原理的疑念」があるとしている。実際に、現在、インターネットでフェイクニュースが多く流れており、すでに社会問題化している。仮に、「思想の自由市場」があるとしてもそれは、マジョリティにとっての自由市場ではないかと考える。情報の偏在は、何らかの形で是正していくことは重要であり、そのためにもヘイトスピーチの処罰化が検討されるべきである。

一般的勧告35は、「人種主義的ヘイトスピーチを禁止することと、表現の自由が進展することとの間にある関係は、相互補完的なものとみなされるべきであり、一方の優先がもう一方の減少になるようなゼロサムゲームとみなされるべきではない」[17]と総括をする。

ヘイトスピーチ規制で得るもの・失うもの

ヘイトスピーチを規制することによって得られる利益は何で、失われる利益は何かを検討するときに、それが誰にとっての利益かを考えなければならない。

ヘイトスピーチを規制することによって守られるのは、民族的マイノリティがヘイトスピーチによって現実に生じている被害を避けられることであり、マイノリティとしての民族的アイデンティティであり、社会に対する安全感、信頼、表現の自由である。他方、ヘイトスピーチ規制によって失われるものは何か。それが人種差別をする自由であるという議論はさすがに目にしない。そこでよく言われるのは、罰則規定が濫用される可能性である。しかし、「濫用される可能性」は可能性にすぎないのに対して、マイノリティの被害は現実に生じている。将来起こるかもしれない濫用の危険性ゆえにマイノリティの現在の被害を放置することは許されない。「濫用の危険」があるのなら、濫用されない方法を模索するべきだろう。また、一般的勧告35に準拠すれば、ヘイトスピーチに対する罰則規定について正当な言論が抑圧されるという可能性も抑えられている。一般的勧告35は、処罰規定を置く場合、比較的重大な場合に限定している。[18] だから、外務省が4条（a）、（b）が求める処罰規定が「様々な場面における様々な態様の行為を含む非常に広い概念」というのは当たらない。そして、一般的勧告35は「委員会は、学術的議論、政治的関与あるいは類似した活動において、憎悪、侮辱、暴力あるいは差別の扇動を伴わずに行われる思想および意見の表明は、たとえそのような思想が議論を呼ぶものであれ、表現の自由の権利の合法的行使としてみなされるべきであると考え」[19] ている。そして、罰則を定めるにあたっては、スピーチの内容や形、発話者の立場、伝達の手段や目的など文脈的要素を考慮して、その時代と地域に応じた立法をすることを求めている。これらを慎重に考慮することによって罰則が適用される行為を限定し、明確にして正当な言論を保障することはできるのである。刑罰法規が一般的なものである以上、多少の抽象化は避けられないが、それでも、できる限り明確な処罰規定を定めるノウハウが、日本にないとは考えられない。

表現の自由を尊重しつつ重大なヘイトスピーチを効果的に処罰するために、どのような刑罰法規をつくるべきか、その運用をどうするのか、精緻な議論が求められている。

最後に、一般的勧告35では「人種主義的ヘイトスピーチとして次に挙げられるのは、上記集団の女性および他の脆弱な集団の女性に対して向けられたスピーチである」[20]と述べる。とりわけ女性を標的とするヘイトスピーチがマイノリティ女性をいっそう困難な状況に追いやる事実もまた立法過程の中で検証と議論を重ねてほしい。

1　女性差別撤廃委員会　日本の第7回及び第8回合同定期報告に関する最終見解　パラ46
2　障害者の権利に関する条約（2014年1月批准）の前文では、「人種、皮膚の色、性、言語、宗教、政治的意見その他の意見、国民的な、種族的な、先住民族としての若しくは社会的な出身、財産、出生、年齢又は他の地位に基づく複合的又は加重的な形態の差別を受けている障害者が直面する困難な状況を憂慮し」としている。
3　女性差別撤廃委員会　日本の第7回及び第8回合同定期報告に関する最終見解
4　NPO法人多民族共生人権教育センター「生野区における『ヘイトスピーチ被害の実態調査』最終報告」
5　国際人権NGOヒューマンライツ・ナウ　協力：特定非営利活動法人コリアNGOセンター「ヘイトスピーチ調査報告書」
6　安田浩一『ネットと愛国　在特会の『闇』を追いかけて』講談社　2012年
7　北原みのり、朴順梨（パク スニ）『奥さまは愛国』河出書房新社　2014年
8　樋口直人『日本型排外主義――在特会・外国人参政権・東アジア地政学』名古屋大学出版会　2014年
9　高史明『レイシズムを解剖する　在日コリアンへの偏見とインターネット』勁草書房　2015年
10　鄭意見書　7、8頁
11　高史明『レイシズムを解剖する　在日コリアンへの偏見とインターネット』勁草書房　2015年　157頁
12　前掲書　186頁
13　NPO法人多民族共生人権教育センター「生野区における『ヘイトスピーチ被害の実態調査』最終報告」
14　人種差別撤廃条約　Q&A　外務省（https://www.mofa.go.jp/mofaj/gaiko/jinshu/top.html）
15　人種差別撤廃委員会　一般的勧告35　パラ26
16　前掲勧告　パラ28
17　前掲勧告　パラ45
18　前掲勧告　パラ12
19　前掲勧告　パラ25
20　前掲勧告　パラ6

おわりに

この本の校了間際の2018年6月28日、大阪高裁で、李信恵さんの対保守速報の控訴審判決が言い渡された。保守速報の控訴は棄却された。李信恵さんの勝訴だった。

判決書には、李信恵さんと大杉光子弁護士、私の名前が並んでいる。この3人で、2013年の秋から5年間、一緒に裁判を闘ってきた。

大阪高裁は保守速報に対し、「本件各ブログ記事には、人種差別に当たる内容及び女性差別に当たる内容の双方を含んでいる記事が多数存在していることが認められる。したがって、控訴人の不法行為が人種差別と女性差別の複合差別に根ざすものとして非常に悪質なものというべき」であるとし、「本件各ブログ記事の掲載が、在日朝鮮人女性である被控訴人を対象として執拗に繰り返されたものであり、控訴人の不法行為により被控訴人が多大な精神的苦痛を被ったであろうことも優に認められる」とした。

これが、私たちの闘いの結論である。

控訴審判決は、大阪地裁判決で曖昧だったいくつかの点を明確にした。そのひとつが、引用元の2ちゃんねると、保守速報のブログ記事の関係である。

大阪地裁は、2ちゃんねるの書き込みが保守速報に転載されることによって新たな意味合いを有するようになったと述べるにとどまった。これに対して、高裁判決は、保守速報の各ブログ記事は、引用元の2ちゃんねるとは異なる新たな文書だと認定したのである。

大阪高裁判決は、「本件各ブログ記事は、控訴人がその相当数の表題を作成し、(略) ごく一部を選択した上で、順番を並べ替え、表記文字を拡大・色付けするなどの加工をして編集・掲載したものである。すなわち、本件各ブログ記事は、控訴人が一定の意図に基づき新たに作成した一本一本の記事(文書)であり、引用元の2ちゃんねるのスレッド等からは独立した別個の表現行為である。」「各ブログ記事の掲載行為は、新たな文書の『配布』であり、新たな意味合いを有する。」とした。

また、保守速報のブログ記事は、2ちゃんねるのスレッドから「ごく一部を選択した上で、順番を並べ替え、表記文字を拡大・色付けするなどの加工をして編集・掲載したもの」であり「記載内容を容易かつ効果的に把握することができるようになっ」ただけでなく、「読者に与える心理的な印象もより強烈かつ扇情的」になったとする。そして、「名誉毀損に当たるとされたブログ記事につきその印象はブログ記事の表題から容易に想起される、これが知られたのは2ちゃんねるでの掲載によるとか、侮辱等につき控訴人自身が侮辱的表現を繰り返し用いたわけではないと主張する。しかし、これらの主張を採用することができないこと又はこれらの主張に意味がないことは、既にみたとおりである。」とした。

保守速報は、一貫して、人種差別や侮辱をしたのは2ちゃんねるに書き込んだ者で、自分ではないと言っていたが、大阪高裁は、明確にこれを否定した。

まとめることが「新たな文書」になれば、文書を作成して掲載したときから、名誉毀損が始まるということである。そうすると、まとめのブログ自体をみて、名誉毀損や侮辱に当たるかどうかを判断すれば足りることになる。2ちゃんねるとは別個の新たな読者層があるかとか、2ちゃんねるの読者数よりまとめブログの読者数が多いかなどを主張・立証する必要がない場合も出てくるだろう。

この意味は大きい。本文でも述べたが、ＮＡＶＥＲまとめとか、togetter のまとめの主体に対してもより簡単に責任が問える可能性がある。

また、大阪高裁は、保守速報側の言い分を一つ一つ丁寧に検討して、すべて否定した。高裁判決は、時として強い言葉で保守速報側の主張を退けている。

保守速報が主張するように、「頭くるくるパー」や「寄生虫」、「ゴキブリ」、「人外」などの言葉が、「社会通念上許される範囲内の表現で、このような言葉を相手方に言うことが本邦における常識である、言い換えれば、このような言葉を言われても大部分の者は名誉感情を害されないとは、認めることができない。各言葉の有する意味自体から、上記の表現は、社会通念上許される限度を超え相手に言うことは常識に反し、このような言葉を言われれば名誉感情を害されると言うべきである」とした。

また、被控訴人は保守速報の記事が「差別的言動解消法2条に言う不当な差別的言動に当たらないようにも主張するが、控訴人の主張に理由がないことは、本件各ブログ記事自体から明らかである。」として人種差別であることを認めた上、「各ブログ記事の閲覧により、被控訴人が名誉感情を害されることも、これを閲覧した一般読者がおよそ具体的行為を扇動されたりすることもあり得ないとはいえない。」とした。

女性差別について大阪高裁判決は、「控訴人は『雌チョン』などの表現及び本件似顔絵は女性であることを理由に差別することには当たらないなどと主張する。しかし、控訴人の主張に挙げられた表現は、女性又は高齢の女性に対する侮辱的表現、被控訴人が中年以降の年代の女性であることに対する揶揄的表現、被控訴人が女性であることに着目してその容姿を貶める表現であると認められる。このような用語を使用されて、自己に対する客観的中立的な表現であると受け止める女性がいるとはおよそ考えられない」と述べた。

最後に、保守速報の側が、ブログ記事の中に名誉毀損や侮辱的表現があるとしても、それは「言論の応酬」で違法性がなくなると主張していたが、大阪高裁はそもそも「言論の応酬」が適用される場面は、自己の正当な利益を擁護するためやむを得ず他人の名誉を毀損するような言動をした場合で、李信恵さんがツイッターで発言した内容（ネトウヨなどに対する評価の内容）は、保守速報の管理人などの個人を対象としたものでなく、言論の応酬の法理は適用されないとした。

「（保守速報の）これらの主張に意味がない」、「常識に反し」、「受け止める女性がいるとはおよそ考えられない」などの判決書の表現は、裁判所からみても、保守速報のブログ記事の内容や主張が社会常識に反するものであったということではないか。ヘイトスピーチが社会的に許されないこと、ヘイトスピーチはどのような理由をつけても正当性はないことを、裁判所は宣言した。

ヘイトスピーチは許されないという「常識」を作ってきたのは、路上でカウンターをしてきた人たちである。だから、李信恵さんのこの判決は、裁判の支援をしてくれた人たちや路上のカウンターの人たちと一緒に闘って得たものでもある。

この裁判を通じて、「ことば」というものの大切さを改めて思った。

「ヘイトスピーチ」や「複合差別」ということばは、事実を発見し、誰かがどこかで名付け、使い始めた。引用した意見書も、論文も、言葉で綴られる知性である。李信恵さん、大杉弁護士との打ち合わせのほとんどはことばを探す作業に当てられた。この裁判は、ことばの歴史の上に成り立っている。

複合差別やヘイトスピーチは、今は、まだ、現実を切り取ることばとして生きている。しかし、差別がなくなれば、かつてあった歴史上の表現として語られるだろう。裁判所の判決も小さな歴史として判例の森に埋もれていってほしい。

編集者の中村純さんから、李信恵さんの裁判の経緯を本にしないかと言われたとき、正直、迷った。けれど、中村さんは詩人でもあり、「ことば」への思いは一通りではない。そういう信頼もあって、本を書くと決めた。

差別のない社会をめざして、一緒に頑張りましょう。

上瀧　浩子

李　信恵（リ・シネ）

1971年生まれ。大阪府東大阪市出身の在日コリアン2・5世。フリーライター。インターネットのニュースサイト（アジアプレス、ガジェット通信）をはじめ、新聞（日刊ゲンダイ）や月刊誌（部落解放、ヒューマンライツ、イオ）、ラジオ（ラジオフォーラム）など各種媒体でライター、取材記者として活動。2014年やよりジャーナリスト賞受賞。著書に『＃鶴橋安寧　アンチ・ヘイト・クロニクル』（影書房）がある。

上瀧　浩子（こうたき・ひろこ）

京都弁護士会所属弁護士。2000年の女性国際戦犯法廷の衝撃から、ハーグの会（女性国際戦犯法廷ハーグ裁判を実現する会）に関わるなど、女性問題、民族問題を視座に据える。2009年の京都朝鮮学校襲撃事件について、京都朝鮮学園が在特会を提訴した裁判の京都朝鮮学園の弁護団に加わる。2014年から李信恵氏が桜井誠氏、保守速報、在特会を訴える「反ヘイトスピーチ裁判」の代理人弁護士。
論考に「『朝鮮学校への襲撃事件』からヘイトスピーチを考える」（日本の科学者　2013年10月号）、「李信恵さんのこと。裁判のこと」（法学セミナー　2015年6月号）がある。

企画・編集／中村純

＃黙らない女たち
インターネット上のヘイトスピーチ・複合差別と裁判で闘う

2018年8月10日　初版発行

著　者―© 李信恵　上瀧浩子
発行者―竹村 正治
発行所―株式会社かもがわ出版
〒602-8119　京都市上京区出水通堀川西入亀屋町321
営業　TEL：075-432-2868　FAX：075-432-2869
振替　01010-5-12436
編集　TEL：075-432-2934　FAX：075-417-2114

印刷―シナノ書籍印刷株式会社

ISBN　978-4-7803-0969-0　C0036